Intelligente Partyspiele,
die uns klüger machen

W0293388

Vera F. Birkenbihl

Intelligente Partyspiele, die uns klüger machen

Die Autorin hält es mit der FAZ und besteht auf der alten Schreibweise (Orthographie)

Bibliografische Information der Deutschen Bibliothek
Die Deutsche Bibliothek verzeichnet diese Publikation in der Deutschen Nationalbibliografie; detaillierte bibliografische Daten sind im Internet über http://dnb.ddb.de abrufbar.

Urania Verlag
Verlagsgruppe Dornier Dornier GmbH
Postfach 80 06 69, 70506 Stuttgart

www.urania-verlag.de
www.verlagsgruppe-dornier.de

Das Buch ist bereits unter dem Titel „Intelligente Partyspiele", ISBN 3-332-01397-1 im Urania Verlag erschienen

2. durchgesehene Auflage
© 2004, Urania Verlag, Stuttgart
Der Urania Verlag ist ein Unternehmen der Verlagsgruppe Dornier GmbH.
Alle Rechte vorbehalten.

Lektorat: Marion Schulz
Umschlaggestaltung: Behrend und Buchholz, Hamburg
Umschlagbild: Vera F. Birkenbihl
Deep-Space-Illustration, S. 35: Andreas K. Giermaier, Innsbruck
Gestaltung und Satz: Junfermann Druck & Service, Paderborn
Druck: Westermann Druck, Zwickau
Printed in Germany

ISBN 3-332-01500-1

Hier geht es los!

Dieses Büchlein ist modular aufgebaut, d. h., Sie können die Reihenfolge, in der Sie die einzelnen Module (Kapitelchen) lesen, selber wählen, aber Sie möchten vielleicht den Aufbau verstehen, damit Sie besser wählen können. Dieser kleine Einstieg stellt Ihnen daher kurz Ziel und Zweck, sowie den Aufbau vor – zu Ihrer Orientierung.

Wir wissen inzwischen, daß Intelligenz in weit größerem Maße davon abhängt, was wir tun (vgl. Modul 1: Ein wenig Theorie, S. 11 ff.) als man früher angenommen hatte. Andere meiner Werke (Bücher, Tonkassetten, CD-Roms und Video-Vorträge) stellen Forschungs-Ergebnisse und konkrete Techniken vor, dabei geht es z. B. um Lehren/Lernen sowie um Denk-Techniken, die uns intelligenter und kreativer machen. Aber man muß nicht immer verbissen „arbeiten" oder „trainieren"! Im Laufe der letzten vier Jahrzehnte sammelte und entwickelte ich auch *SPIELE, die uns intelligenter und kreativer machen*. Mit diesem Büchlein beginne ich Spielanleitungen zu publizieren.

Ich bin dagegen, meine KundInnen (TeilnehmerInnen, LeserInnen) zu Versuchskaninchen zu machen, wie manche Software-Hersteller. Die Praxis-Erfahrungen sind also bereits „enthalten". Somit wissen Sie, daß diese kleine Sammlung nur Spiele enthält, die den Praxis-Test bestanden haben und „gut angekommen" waren.

Das meiste Material in diesem Buch ist neu (einige wenige Spiele sind zwar alt, aber weitgehend **nicht mehr bekannt**, z. B. Salonspiele von ca. 1850–1920). Die meisten Spiele in diesem Buch wurden bisher nur isoliert „veröffentlicht" (z. B. in Form einer schriftlichen **Seminar-Anweisung**). Sie sind zwar für die meisten LeserInnen meiner Bücher noch neu*, aber totzdem bereits praxis-erprobt! Daß diese Spiele in Wirklichkeit helfen, uns intelligenter zu machen, ist Sahne auf dem Kuchen (man muß es ja niemanden verraten).

* Einige wenige dieser Spiele wurden vorab „bedingt veröffentlicht", nämlich nur für die Leser und Leserinnen meines monatlichen Beratungs-Briefes (die gerne die „Nase vorn" haben und Dinge vorab erfahren ...).

Der Fahrplan für dieses Büchlein

Modul 1:
Ein wenig Theorie

Nach dieser kleinen Einführung folgt das erste Modul. Hier finden Sie den theoretischen Unterbau für die Spiele, wenn Sie wissen wollen, warum Sie ernsthaft und regelmäßig (aber nie verbissen) spielen sollen (ab Seite 11).

Modul 2:
Raten – aber anders!

Hier stelle ich eine spannende Ratespiel-Variante vor, die von einer leichten Einsteiger-Version bis zu Spielarten für Fortgeschrittene jede/n befriedigen dürfte. Ihre Aufgabe als GastgeberIn (oder SpielleiterIn) besteht nun darin, Ihre (Mit-)SpielerInnen richtig einzuschätzen. **Im Zweifelsfall immer mit der Einstiegs-Variante beginnen** und dann entscheiden, wann man wechselt (ab Seite 27).

Modul 3:
Rhetorik-Spiele

Die hier vorgestellten Spiele stellen brillante rhetorische Trainings-Aufgaben dar, die noch dazu Spaß machen. Das Basis-Spiel füllte in meiner Kindheit Abende, während man heute eher im Fernsehen Leuten zuhört, von denen die wenigsten sprachlich gute Vorbilder liefern. Aber ganz dem Fernsehen Verfallene können sogar während der Werbeblöcke der Privatsender spielen. (Diese dauern mittlerweile oft 11–12 Minuten, das kann sogar mehrere Spielrunden ergeben; ab Seite 39).

Modul 4:
Lebens-Spiele

Diese Spiele entwickelte ich als Strategie, um unsere **persönliche Geschichte** zu festigen (Details in Modul 1, S. 17), was die Selbstsicherheit erhöht und eine spannende Anti-Alzheimer-Strategie darstellt. Aber selbst wenn es diese Vorteile nicht gäbe – diese Spiele involvieren, inspirieren, machen Spaß! Die Reaktionen sind äußerst positiv (ab Seite 55).

Modul 5:
Quiz-Spiele

Hier geht es darum, im Wort-Sinn **mit Wissen zu spielen**. Minimum: einfache Quiz-Spiele (es gibt inzwischen jede Menge Bücher mit Quizfragen zu kaufen), man kann teilweise auch auf den Websites der Sender trainieren (allerdings manchmal für hohe Telefon-Gebühren), aber man kann auch **Dinge, die gelernt werden sollen, in Quizfragen packen** und mit anderen spielen. Es kann für SchülerInnen sehr erhebend sein, wenn sie feststellen, daß kein einziger anwesender Erwachsener weiß, was sie demnächst in einer Prüfung brauchen werden (und hindert Eltern daran, weiterhin zu behaupten, man lerne nicht für die Schule, sondern fürs Leben, ha ha!). Besonders spannend ist meine neuentwickelte Version eines wirklich „intelligenten Quiz-Spiels“, die weit mehr bietet als oberflächliches Jonglieren mit nackten Daten, Fakten, Informationen (die sehr an ähnlich oberflächliche Stunden in der Schule erinnern; ab Seite 73).

Modul 6: Wort-Spiele

Es ist unglaublich, wie schnell auch absolute Einsteiger sich entwickeln, wenn Sie beginnen, regelmäßig mit Worten zu spielen (das geht auch als „Solitaire“, also alleine; ab Seite 83).

Wenn Sie Varianten der Spiele kennen oder erfinden, bitte bei uns (**www.birkenbihl.de**) in der WANDZEITUNG veröffentlichen, damit andere auch etwas davon haben.

Viel Spaß!

Ihre  Frühjahr 2003

PS zur 2. Auflage

Es freut mich, daß wir nach einem dreiviertel Jahr in die 2. Auflage gehen „müssen“ (ha!). Wir nahmen dies zum Anlaß, einige Fehlerchen zu korrigieren und einige neue Wort-Bilder (KaWa.s) einzufügen, so daß es sich um eine „durchgesehene“ und leicht erweiterte Auflage handelt. Weiterhin viel Spaß! **vfb**

Modul 1 – Ein wenig theoretischer Hintergrund

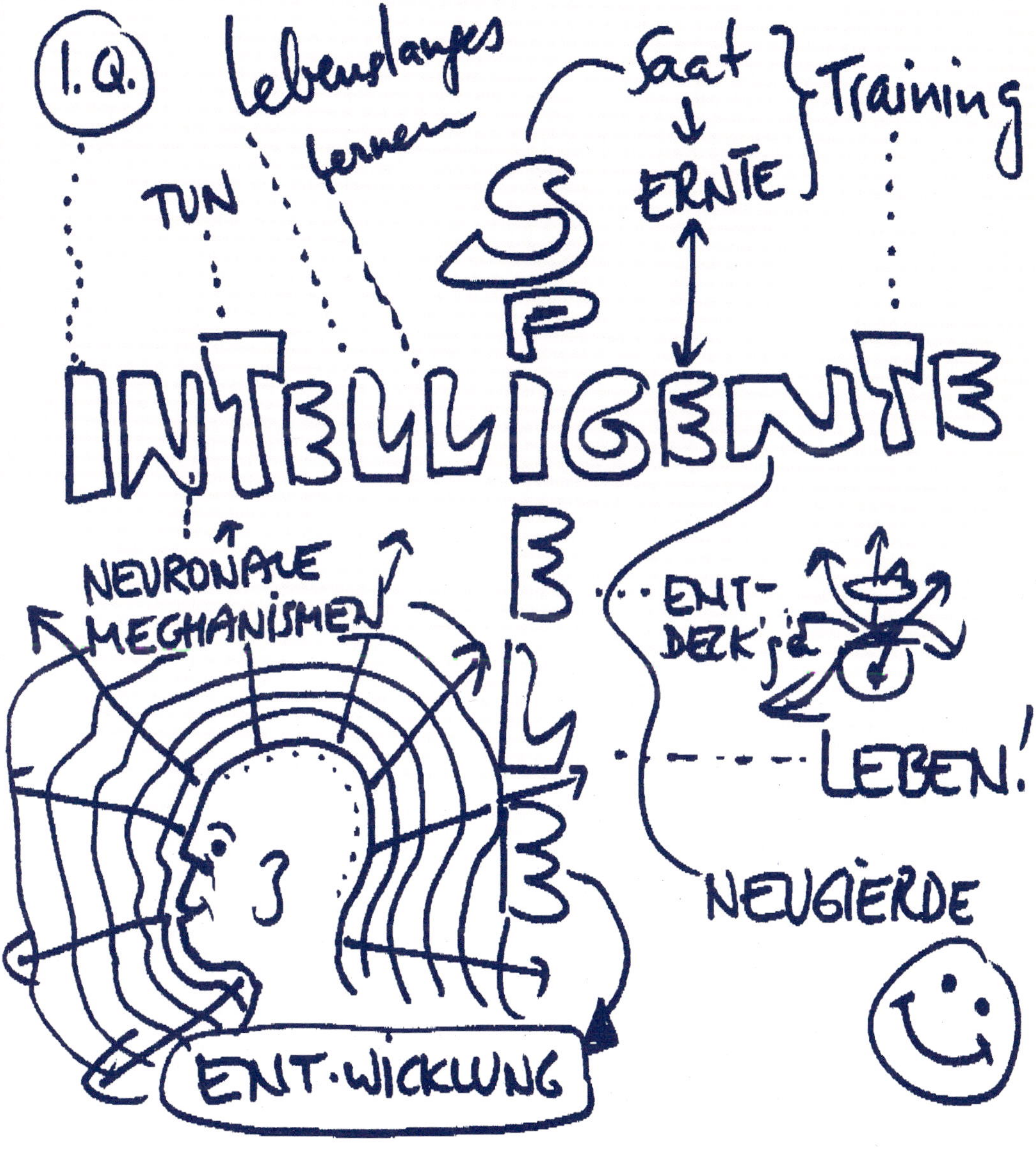

Diesen Abschnitt können Sie lesen, aber wenn Sie lieber gleich zum Praktischen übergehen wollen, lassen Sie ihn einfach aus. Hier steht ein wenig darüber, warum gerade diese Spiele gut für Sie sind – unabhängig vom Spaß, den sie machen. Wenn Sie nicht wissen wollen, was „gut für Sie" ist, springen Sie gleich zu Seite 27!

Warum überhaupt Spiele? (Oder: SPIEL-erisches TRAINING macht Spaß und schlau)

Betrachten Sie die Spiele in diesem Büchlein als eine Art **Anleitung zu geistigem Fitneß-Training.** Es macht sogar **so viel Spaß**, daß man niemandem verraten muß, daß einige dieser Spiele eigentlich Ihr Training darstellen – denn alle glauben ja, nur zu spielen.

Am meisten ärgerten sich TrainerInnen/TeilnehmerInnen in angrenzenden Seminarräumen, die aufgrund mangelnder Isolierung in vielen Hotels an unserem Lachen erst lernten, wie langweilig ihre eigenen Seminare waren.

Alle Spiele dieser Sammlung werden **auch** in meinem Seminaren eingesetzt, und einige davon sind „schuld" daran, daß ich jahrelang angegriffen wurde, weil aus dem Seminarraum manchmal so viele Lachsalven erschallen.

Anfang der siebziger Jahre des letzten Jahrhunderts war es wirklich noch „schlimm", wenn Lernen mit Lust verbunden war. Ich nannte das „gehirn-gerecht" (= der Arbeitsweise des Gehirns entsprechend) und mußte mir immer wieder die gleichen Fragen potentieller Kunden anhören: „Aber glauben Sie wirklich, daß Ihre Spiele einen echten Lern-Effekt haben werden?" Jahre später erfand man in Amerika die Begriffe INFOTAINMENT und ENTERTRAINMENT, um zu zeigen, daß man Information und Training sehr wohl mit ENTERTAINMENT (= Unterhaltung!) verbinden kann. Ich bleibe bei „gehirn-gerecht": Mit Spaß lernen wir am besten, wobei **Humor** ganz allgemein eine der besten Anti-Streß-Maßnahmen darstellt …

Vgl. mein Taschenbuch *Humor – an Ihrem Lachen soll man Sie erkennen* sowie zwei Video-Vorträge zu diesem wichtigen Thema (www.birkenbihl.de, in der „VFB-Schublade").

Warum intelligente Spiele? (Ein bahnbrechender Intelligenz-Ansatz)

Der Harvard-Professor David PERKINS stellt die alte Frage nach dem IQ neu und bietet uns damit einen phänomenalen Ansatz, an unserer Intelligenz zu „drehen" (d. h. selbst Einfluß auf unsere Entwicklung zu nehmen). Statt die Frage weiterhin zu zweiteilen (angeboren oder erworben?), ergaben seine bahnbrechenden Forschungen drei Komponenten:

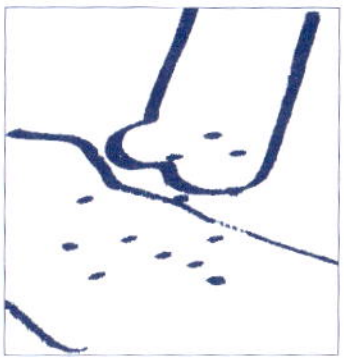

1. **GENETISCH** (= angeboren) ist die **Geschwindigkeit**, mit der unsere Neuronen arbeiten. Hier haben wir Glück oder Pech, abhängig davon, ob wir vom Schicksal „gut bestückt" wurden oder nicht.

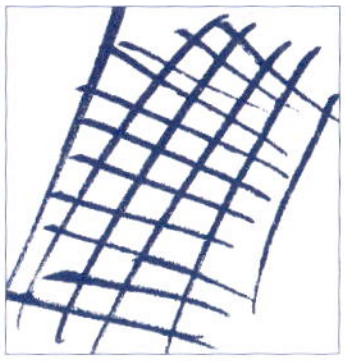

2. **ERFAHRUNGEN**, d. h. **gelerntes Wissen** (das entspricht meinem metaphorischen **Wissens-Netz**): Hier können wir sehr wohl entscheiden, wieviel wir lernen wollen. Je mehr Fäden sich in unserem Netz befinden, desto intelligenter können wir im Alltag reagieren ...

3. **STRATEGIEN**: Wir können entscheiden, welche **Strategie** wir einsetzen wollen, und damit **große Intelligenz-Sprünge** herbeiführen. Wer z. B. die Strategie des Lernens durch intelligente Spiele „fahren" möchte, kann wesentliche Aspekte **spielerisch trainieren**, nur weil er/sie mit einer gewissen Regelmäßigkeit einige dieser Spiele spielt.

Der Begriff „Party" bedeutet übrigens ursprünglich „Gruppe" (nicht „Fest"). Demzufolge handelt es sich also um intelligente Gruppen-Spiele. Ob diese Gruppe ein Grillfest veranstaltet, einen Geburtstag feiert, in einem Seminarraum sitzt oder „nur so" spielen möchte, ist dabei vollkommen egal. Hauptsache, es macht ihr Spaß, die grauen Zellen zu aktivieren!

Einige der angebotenen Spiele entwickelte ich speziell als Trainings-Aufgaben, um unser Gehirn zu stärken. Deshalb heißt dieses Büchlein **Intelligente Partyspiele**, weil sie uns intelligenter machen. Merke:

> **Je häufiger wir diese Spiele spielen,**
> **desto intelligenter werden wir!**

Nun müssen Sie nur noch entscheiden, welche der Spiele Sie zu Ihrem persönlichen Trainingslager ernennen und systematisch angehen wollen bzw. welche der Spiele Sie nur „so mal" spielen wollen. Diese Entscheidung fordert von Ihnen die **dritte Art der Intelligenz**: Wie soll Ihre **Strategie** aussehen, um im Zeitalter des Gehirns „mitspielen" zu können?

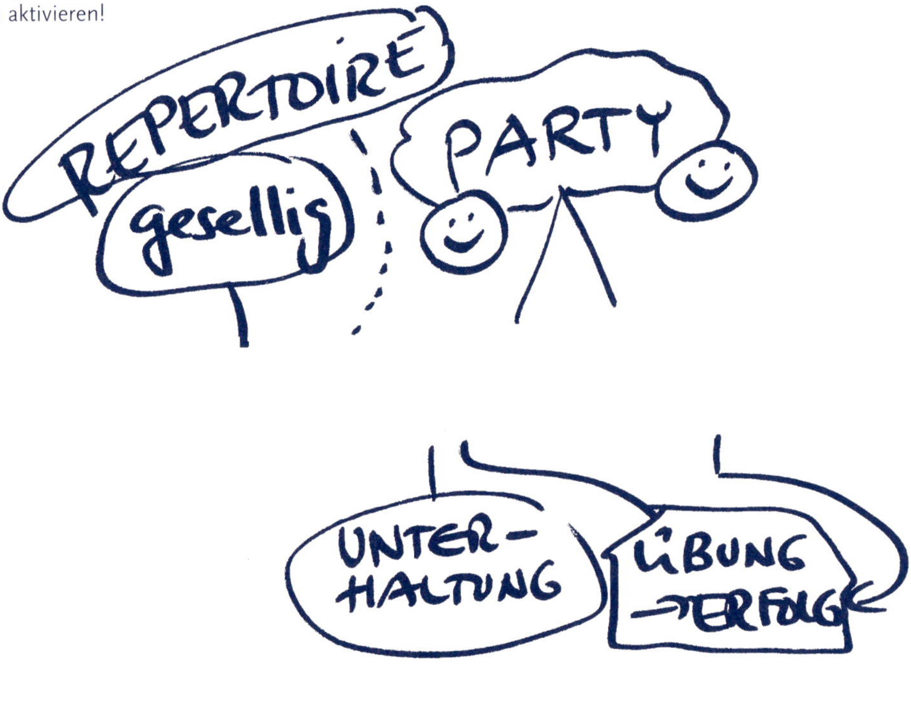

Wie wollen wir SPIEL definieren? (SPIEL in diesem Büchlein bedeutet ...)

Im Rahmen dieser Anleitung wollen wir jedes Verhalten als SPIEL bezeichnen, welches uns folgende Vorteile bietet:

1. **Spaß, Spannung**: Einigen wir uns: Wenn es keinen Spaß macht, ist es kein Spiel (vgl. viele Schul-Pflichten). Viele Spiele bieten uns zusätzlich die Möglichkeit der Saat (vgl. „E") für spätere (Aus-)Beute (= Ernte). Wer gerne „vorarbeitet", wird diesem Saat-Aspekt zusätzlichen Lustgewinn abgewinnen ...
2. **Persönlichkeits-Bildung**: Jedes gute Spiel entwickelt uns ein wenig weiter. Ob wir Halma spielen und lernen, ob wir siebenmal hintereinander ein guter Verlierer sein können oder ob wir in unseren Erinnerungen kramen (vgl. Lebens-Spiele, S. 55 ff.) – alles, was wir tun (inkl. Spielen!) kann uns weiterbringen, wenn wir es bewußt angehen und uns selbst ein wenig dabei beobachten ...
3. **Interesse**: Alles, was uns interessiert, ist angenehm! Und **Inventur**: Jedes Spiel (und jede ABC-Liste) stellt immer auch eine Inventur dar. Sie verrät uns: Was wissen wir **derzeit** zu dieser Thematik? Was fällt uns **heute** ein ...?)
4. **Ent-DECK-en, erforschen, explorativ** denken: Hier geht es um den Forschergeist in Reinkultur. Sie wissen ja: ForscherInnen sind Menschen, die sich die Neugierde und das Staunen des Kindes ins Erwachsenenalter bewahren konnten. Aber auch dies können wir wieder entdecken und zurückerobern, wenn wir uns darauf einlassen, deshalb lädt eine Spiel-Variante uns regelrecht ein, ForscherIn zu (Rollen-)spielen (S. 64). Außerdem helfen manche „Fingerübungen" unter den Varianten uns zu säen, auf daß wir später bessere Ernte einfahren, dies gilt auch für Spiele. Wer einmal beobachtet hat, mit welcher Intensität Kinder alleine üben, um später in der Gruppe besser mitspielen zu können, weiß, daß solche Vor-

SPIELE auch alleine sehr spannend sein können. Hier spielen wir nämlich nur „gegen“ uns, gegen unsere beste gestrige Leistung …

5. **Lust** ist lebenserhaltend, Unlust ist unangenehm. Die Spiele in diesem Buch lösen viele positive Gefühle aus; sollte dies bei den einen oder anderen für Sie nicht der Fall sein, lassen Sie es einfach aus. Wenn Sie nur die Hälfte aller Spiele jemals ausprobieren, hat es sich schon gelohnt, oder?

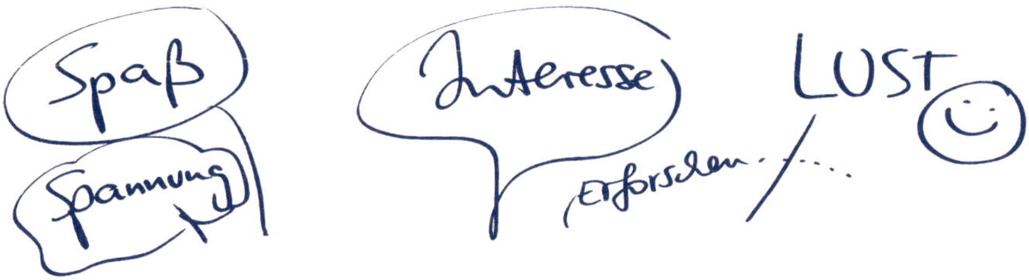

Wollen wir uns jetzt ein wenig der Theorie zuwenden, die hinter diesen Spielen steht. Bei Des-Interesse können Sie ja auch hier noch „aussteigen“.

Möchten Sie zu Seite 27 springen?

Das Aktivierungs-Prinzip (Aktivierte Erinnerungen „funktionieren" besser)

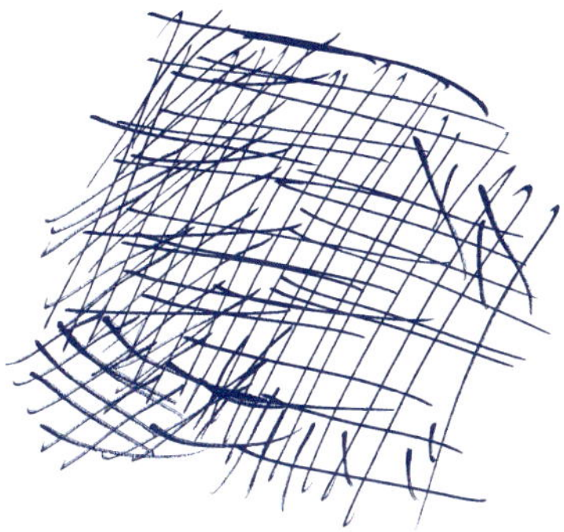

Eine der tragenden Metaphern dieses Spiele-Büchleins ist die Idee eines gigantischen Wissens-Netzes. Jeder „Faden" im NETZ symbolisiert eine Information, eine Idee, eine Wissens-Einheit. Stellen Sie sich Themen, über die Sie viel wissen, als dichtes Geflecht vor (viel detaillierte Häkelarbeit hat hier stattgefunden) im Gegensatz zu Themen, bei denen Sie wenig wissen: Hier gähnen Löcher im Netz, deshalb fallen Daten und Informationen an diesen „leeren" Stellen auch so gerne durch die Maschen ...

Dieses **metaphorische Wissens-Netz** schuf ich vor vielen Jahren, um die damals bahnbrechenden Forschungsergebnisse über unser Gehirn mit den jahrtausendealten Erkenntnissen über Gedächtnis-Mechanismen zu verbinden. Da es **tatsächlich** neuronale „Datenbahnen" im Hirn gibt und diese mit Abertausenden von anderen Nervenbahnen „vernetzt" sind, bot sich dieses Denk-Bild an, das daher in einigen meiner Bücher eine zentrale Rolle spielt.

Je besser wir also mit den „Fäden" in unserem Wissens-Netz „spielen" können, desto intelligenter und kreativer können wir denken! Ein Teil dieser Wissens-Fäden besteht aus **Erinnerungen** an unsere **Vergangenheit**, an unser Leben. Was wir meist nicht beachten, ist die Tatsache, daß wir nur durch diese Erinnerungen „existieren", sie „definieren" uns, sie bestimmen, „wer wir waren", und dies wiederum macht uns zu der Person, die „wir sind" oder, wie der deutsche Titel eines brillanten Buches über Gehirn- und Gedächtnisforschung es hervorragend ausdrückt:

Vgl. mein Buch *Das innere Archiv* – es ist die **Brücke** zwischen dem neueren *Das große Analograffiti-Buch* und meinem Klassiker *Stroh im Kopf?* (im Oktober 2001 waren es über eine halbe Million verkaufter Exemplare). *Stroh im Kopf?* behandelt das **gehirngerechte Vorgehen** vorrangig in bezug auf **Gedächtnis** und **Lernen**, *Das große Analograffiti-Buch* in bezug auf unsere Art zu **denken**, wobei **Erinnerungen** die Grundlage für Reaktionen im Alltag sind, die wir als **intelligent** und **kreativ** einstufen.

Wir sind Erinnerung

Von Daniel L. SCHACTER, einem genialen Forscher, der auch über die Arbeiten anderer Forscher berichtet, flott wie ein guter Wissenschafts-Journalist (schreiben sollte).

Nun gilt die banale Regel: Je häufiger wir Erinnerungen aktivieren, desto besser „funktionieren" sie. Natürlich wissen wir das, und doch haben wir uns in den letzten Jahrzehnten zu mehr und mehr passiver Fernseh-Glotzerei verführen lassen, insbesondere zu Sendungen, bei denen unser Wissen, unsere Erfahrungen, unsere persönlichen Erinnerungen kaum betroffen werden. Früher sprach man oft von „den alten Zeiten", man tauschte Erlebnisse aus, verglich Erfahrungen, erzählte sich den einen oder anderen „Schwank aus unserem Leben". Heute wissen wir, wie wichtig solche Gespräche für die geistige Gesundheit und als Anti-Alzheimer-Vorbeugung sind! Früher spielte man mehr Spiele, die unsere grauen Zellen aktivierten. Aber selbst bei „einfachsten" Spielen (wie Mensch ärgere dich nicht) hörten wir vielleicht Radio, und so konnten Bemerkungen oder Musikstücke plötzlich Erinnerungen **auslösen**. Während wir dann weiterspielten, fielen uns zusätzliche Details zu den gerade ausgelösten **Erinnerungen** ein. Oft machten wir dann so manche „Zwischenbemerkung" (zwischen den Spielzügen) **über** diese Erinnerungen. „Ach, das waren noch Zeiten, als wir an Wochenenden im Schrebergarten von Jansens mithalfen ..."

Ich erinnere mich noch gut: Wenn die Erwachsenen (die ja weit mehr Vergangenheit zum Erinnern besitzen) in Erinnerungen schwelgten, fanden wir Kinder das langweilig. Kinder können noch nicht weit zurückblicken, deshalb ist das „Kramen in Erinnerungen" für sie noch nicht nachvollziehbar. Aber für Erwachsene ist es **spannend**. Als wir selbst älter wurden, begannen wir mitzumachen, wenn so ein Spaziergang „down memory lane" (den Gedächtnisweg hinunter) anstand.

Wir kommen auf den wichtigen Begriff des **Abruf-Reizes** zurück (S. 24).

Früher unternahmen wir regelmäßig **geistige Spaziergänge**, ausgelöst durch **Abruf-Reize**, die „zufällig" diese oder jene Episode aus unserem Leben **aktivierten**.

Theoretisch könnte dies beim Fernsehen zwar auch passieren, aber nur, wenn Sie **gehirn-gerecht fernsehen** (z. B. indem Sie die **Werbepause** zum Reden oder Reflektieren nutzen, statt durch zig Kanäle zu zappen!). Nur so kann das Gesehene und Gehörte als Abruf-Reiz dienen und eigene Erinnerungen auslösen. Wenn wir jedoch nur herumzappen, dann werden tausend **mögliche** Assoziationen unbewußt (kurz) angerissen, aber die Erinnerungs-Impulse verschwinden, lange bevor sie zur Oberfläche (im bewußten Denken) auftauchen. Wenn man aber „nur fernsieht" und jede Sekunde gucken will (deshalb die Zapperei), dann bleibt nicht genug Raum für eine **Wahrnehmungs-Lücke**, in der eine Erinnerung „auftauchen" könnte.

In meinem Buch *Stroh im Kopf?* finden Sie übrigens ein ganzes Modul mit Tips bezüglich unserer Fernseh-Gewohnheiten. Module sind „Kapitel", die in jeder beliebigen Reihenfolge – also modular – gelesen werden können.

Wenn eine TV-Szene eine echte Erinnerung auslöst, dann handelt es sich in der Regel um ein **dramatisches** Ereignis, eine wichtige Szene aus unserem Leben. Dann kann es sein, daß wir lachen, weinen usw., weil die Assoziation uns **berührt**, weil wir **betroffen** sind. Dadurch fühlen wir uns **angesprochen**. Deshalb gehen viele Leute (trotz der 500 Fernsehkanäle zu Hause) gerne ins Kino, denn hier wirkt der Film anders auf uns, weil wir uns vollkommen auf ihn (und ihn alleine) einlassen. TV-Filme können uns ähnliches bieten, wenn sie nicht durch Werbepausen unterbrochen werden oder wenn wir die Pausen aktiv zum Erinnern nutzen.

Werbepausen kann man natürlich mit FF (fast forward) schnell umschiffen, wenn man zeitversetzt von Video sieht statt „live".

Eine wichtige Rolle für das Verständnis grundlegender neuronaler Mechanismen (wie Begreifen, Einspeichern und Merken) spielt die **Metapher von den 11 km Unbewußten im Gegensatz zu 15 mm Bewußtsein** (nach NØRRETRANDERS). Manche meiner Seminar-TeilnehmerInnen erschrecken, wenn ihnen diese Zahlen (aus der konkreten Gehirn-Forschung!) zum ersten Mal begegnen: „Was? So klitzeklein soll mein Bewußtsein sein?" Das ist natürlich Unsinn. Drehen Sie den Stiefel um: **So gigantisch ist Ihr Unbewußtes!** Dort speichern wir 98 % unserer Erinnerungen.

Wer sein gesamtes Bewußtsein ungern mit der Vorstellung von 15 mm verbinden möchte, kann ja 15 cm oder m daraus machen. Wichtig ist, daß Sie an die metaphorischen 11 km ebensoviele Nullen anhängen, dann stehen 15 m eben nicht 11 km gegenüber, sondern ...? Wichtig sind nicht die Zahlen an sich, sondern die Relation der Zahlen zueinander.

Nun verbinden wir beide Metaphern und stellen uns vor: Der größte Teil unseres Wissens-Netzes liegt im Dunkeln unseres Unbewußten (eben jene 11 km), während unser Bewußtsein dem kleinen Lichtstrahl einer Taschenlampe gleicht, die wie ein kleines Spotlight in dieser Dunkelheit „herumsucht" und spezifische Erinnerungen aufspürt. Neuere Erkenntnisse der neurologischen Forschung haben klar gezeigt, daß viele unserer alten Vorstellungen über das Gehirn falsch waren, insbesondere was das Alter betrifft, denn:

1. **Auch alte Gehirne können noch Nervenzellen bilden** – insbesondere im **Hippocampus**, einer Gehirn-Struktur, die für die Bildung **neuer bewußter Erinnerungen** (sogenanntes explizites Lernen) zuständig ist. Im Gegensatz dazu werden **unbewußte** Gedächtnis-Inhalte, die neues Handeln erlauben (sogenanntes **implizites** Lernen), **am Hippocampus vorbei** gelernt, z. B. wenn wir eine neue Sportart einüben oder die Bedienung eines (Musik-)Instrumentes. Und außerhalb des Hippocampus gilt:
2. **Auch alte Gehirne können noch „wachsen"!** Um es genauer auszudrücken: Es „wachsen" die **Dendriten**, d. h. jene Zell-Ausläufer, welche die **Verbindung** zu anderen Neuronen herstellen. Der Schlüssel besteht also in einer **Zunahme an Verbindungen.** Im Klartext: Je dichter wir das Wissens-Netz knüpfen, desto mehr „Fäden im Netz" besitzen wir, wenn wir Erinnerungen abrufen wollen. Allerdings gilt eine Art von Natur-Gesetz:
3. **Je häufiger Erinnerungen aktiviert werden,** desto leichter lassen sie sich wieder aktivieren! Im Klartext: Je häufiger wir mit bestimmten „Fäden im Netz" spielen, desto leichter können wir die dort eingebundenen Gedächtnis-Inhalte wieder aktivieren. Also können wir Spiele, die unsere Erinnerungen „anreißen", als bestmögliches Fitneß-Training sehen. Allerdings gilt auch:

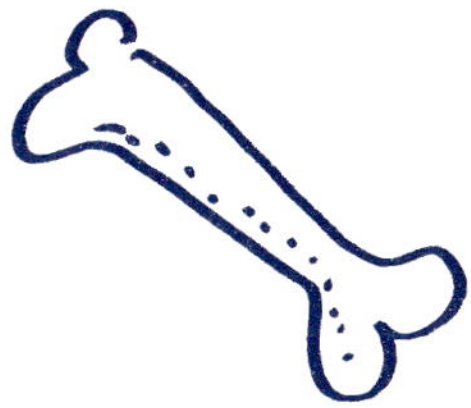

4. **Wir speichern keine kompletten Erinnerungen ab**, wie bei einer Tonband- oder gar Video-Aufnahme! Ulric NEISSER vergleicht den Prozeß des Erinnerns eher mit dem eines Paläontologen, der aus einem einzigen Knochen einen gesamten Dinosaurier re-konstruiert. Es reichen also Bruchstücke einer Information, den Rest re-konstruieren wir – leider nicht immer exakt (= so, wie es einst war), sondern so, wie wir denken, daß es gewesen sein könnte. Deshalb ergeben ja fünf Zeugen in der Regel sechs Schilderungen ...
5. **Trampelpfad oder Autobahn?** Je älter wir werden, desto wahrscheinlicher treten Zustände im Gehirn auf, die man mit metaphorischen Blitzen (bei einem Gewitter) vergleichen kann. Dabei können einzelne Nervenbahnen geschädigt werden, die nun nicht mehr von A nach B führen können, wenn diese AB-Bahn zerstört wurde. Stellen wir uns vor, ein metaphorischer Baum sei über den metaphorischen Weg, der zu dieser Erinnerung hinführt, gefallen. Nun leuchtet folgende Metapher sicher ein: Gibt es nur einen schmalen, halb überwucherten Trampelpfad zur Erinnerung, kann ein Baum diese leicht blockieren, und wir finden den „Weg" zu dieser Erinnerung nie wieder. Hätten wir aber eine vierspurige (Daten-)Autobahn gebaut, weil wir den Weg immer wieder entlanggegangen waren, könnte der metaphorische Baum ruhig zwei Spuren blockieren, der Weg zur Erinnerung wäre noch frei.
6. **Wenn es noch einen Zugang gibt** und wenn wir diesen weiterhin öfter benutzen, werden neue Neuronen die Funktion der ausgefallenen übernehmen, und bald ist der Weg zu dieser Erinnerung wieder solide. Wer fleißig übt und ein wenig Glück hat, kann den Einsatz von akuten Beschwerden vielleicht sogar auf einen Zeitpunkt **nach** seinem Tode verlegen!

Inzwischen wissen wir, daß **diese Art von Training** die allerbeste Altersheimer-Prophylaxe darstellt. Sie beugt Alzheimer (und anderen Alters-Demenz-Erscheinungen) vor. Selbst wenn wir genetisch vorbelastet sind, kann diese Art von Fitneß das Einsetzen der akuten Beschwerden um Jahre aufschieben.

Nun entwickelte ich im Laufe der letzten Jahrzehnte eine Reihe von Ansätzen, wie wir mit unseren Gedächtnis-Inhalten im Wortsinn **spielen** können. Einige von ihnen bauen auf einem neuronalen Mechanismus auf, den ich als **Stadt-Land-Fluß-Effekt©** bezeichne.

Der Stadt-Land-Fluß-Effekt©

Dieser Effekt ist so wichtig, daß er in zunehmenden Maß in meinen letzten Büchern aufgetaucht ist, aber am meisten erfahren Sie darüber in meinem *Das große Analograffiti-Buch* und seiner „Schwester" (neu: 2002), *Das innere Archiv.*

Der **Stadt-Land-Fluß-Effekt©** ist leicht nachzuvollziehen: Wohl fast jeder kennt das berühmte Spiel, das auch in diesem Büchlein (mit VFB-Variationen) auftaucht (S. 81 ff). Und jedem ist klar: Je öfter wir früher gespielt haben, desto mehr Städte-, Länder- und Flüsse-Fäden befinden sich in unserem Wissens-Netz. Des weiteren stellen meine SeminarteilnehmerInnen immer wieder fest, daß man innerhalb kürzester Zeit (ca. 15 bis 20 Minuten) wieder **den** Grad an Kompetenz erlangen kann, mit dem man einst, oft vor vielen Jahren, zu spielen aufgehört hatte. Das heißt: Fäden, die aktiviert werden, lassen sich nachfolgend immer leichter aktivieren, und dieses Prinzip ist ein wesentlicher Aspekt des Stadt-Land-Fluß-Effektes©. Der zweite Aspekt ist folgender: Stadt-Land-Fluß lernt man, indem man es spielt. Kein Pauken oder Büffeln kann auch nur ansatzweise so effizient sein wie einige Spiele-Runden im Kreise von Familie, FreundInnen, NachbarInnen, KollegInnen etc. Dasselbe gilt für die Stadt-Land-Fluß-Varianten, die ich Ihnen vorstellen werde.

Manche dieser Varianten kann man sogar alleine spielen (wie eine Patience), zumindest kann man gewisse Aspekte alleine trainieren, wie zum Beispiel die Fähigkeit, zu einigen Themen schnell und sicher ein Wissens-ABC aufbauen zu können. Das ist vergleichbar mit dem Krafttraining eines Schwimmers, der auf diese Weise die nötigen Muskeln entwickelt, damit er sein eigentliches „Spiel" (das Schwimmen) besser spielen kann ...

Die Inhalts- und die Beziehungs-Ebene

In den Katakomben unseres Gedächtnisses (Geistige Fitneß kann Spaß machen!)

Dem deutschen Forscher Richard SEMON verdanken wir die bahnbrechende Idee des Abruf-Reizes.

Ein Mini-Experiment nach Daniel L. SCHACTER (in *Wir sind Erinnerung*) soll das Konzept illustrieren, ehe wir es erklären: Erinnern Sie sich an einen Tag in der Schule, der nichts mit Schul-Lernen (im üblichen Sinn) zu tun hatten (z. B. ein Schul- oder Sportfest, eine Theateraufführung ...). Haben Sie eine solche Erinnerung **gefunden**? Dann notieren Sie ein Stichwort hierzu:

Im Notfall „finden" Sie ein Erlebnis in der Tanzschule oder ein Familienfest in Ihrer Kindheit oder Teenagerzeit.

SEMONs Abruf-Reiz ist also das, was eine spezifische Erinnerung in uns **auslöst**. In unserem Fallbeispiel war das meine Frage. Sie fungiert als **Abruf-Reiz**. Ohne meine Bitte, sich zu erinnern, hätten Sie **diese** Erinnerung **jetzt nicht** aktiviert, ja möglicherweise hätten Sie sich den ganzen Rest Ihres Lebens nie wieder an jene Begebenheit erinnert. Im Klartext:

Da SEMON sich in die Frau seines Professors verliebte, die ihren Mann verließ und SEMON heiratete, war er „wissenschaftlich tot", ehe er zu arbeiten begonnen hatte. Anfang des letzten Jahrhunderts war so ein Verhalten de facto undenkbar! Es ist ein großes Glück, daß ein (unbeteiligter) Amerikaner die Idee des Abruf-Reizes in die Staaten „rettete", wo TULVING sie entdecken konnte. Dieser lehrte u. a. auch Daniel L. SCHACTER, der aufgrund der Vorgeschichte von „SEMONs Vermächtnis" spricht.

1. Vor meiner Frage haben Sie höchstwahrscheinlich nicht daran gedacht.
2. Ohne meine Frage hätten Sie möglicherweise nie wieder daran gedacht.
3. Durch die Frage haben Sie aber daran gedacht.

Somit sind **Fragen ein hervorragender möglicher Abruf-Reiz.**

Seit die alten Griechen über Gedächtnis nachzudenken begannen, legte man den Schwerpunkt auf das Einspeichern (also den Lern-Prozeß) einer (späteren) Erinnerung. SEMON begann jedoch am **anderen** Ende und fragte sich, was beim Abruf geschehen muß, damit wir **eine Erinnerung unter Millionen von Erinnerungen wiederfinden können**, wenn wir sie suchen. So wie Sie vor einigen Augenblicken eine Erinnerung gesucht haben (Sie erinnern sich?)!

Nachdem SEMON uns auf „das andere Ende" des Prozesses aufmerksam machte, begann die Forschung sich mit jenem Augenblick zu befassen, in dem wir eine Erinnerung herbeiRUFen wollen, und bald stellte man fest, daß der **Abruf-Reiz** dabei eine mindestens ebenso zentrale Rolle spielt wie die Qualität der Einspeicherung.

Vielleicht ist er sogar wichtiger als das ursprüngliche Einspeichern (Lernen). Beim Versuch, das zu verstehen, kann uns das Denk-Bild der **11 km Unbewußtsein contra 15 mm Bewußtsein** helfen:

> **Alle Erinnerungen „warten" quasi in den immensen (dunklen) Katakomben unseres Unbewußten, bis ein Abruf-Reiz sie in das helle Spotlight des Bewußtseins ruft, wo wir sie betrachten können.**
> **Ohne Abruf-Reiz bleiben auch best-gelernte Erinnerungen in den „unterirdischen" Katakomben unseres gigantischen Unbewußten. Erst der Abruf-Reiz bringt sie in den „hellen" Fokus unseres Bewußtseins.**

Vieles kann als Abruf-Reiz dienen: eine **Szene** in einem Spielfilm, die **Bemerkung** einer Person in einem Gespräch, ein **Poster**, an dem wir vorbeigehen ... Man kann **Abruf-Reize bewußt „herstellen"**, z. B. durch Blättern in alten **Fotoalben**, Lesen in alten **Briefen**, gemeinsamem „Kramen" in der Erinnerung („Weißt du noch, damals ...?").

Nach Tor NØRRETRANDERS: *Spüre die Welt.*

Mit dem **Abruf-Reiz** rufen wir gleichsam („Hallo, Erinnerung, wo bist du?").

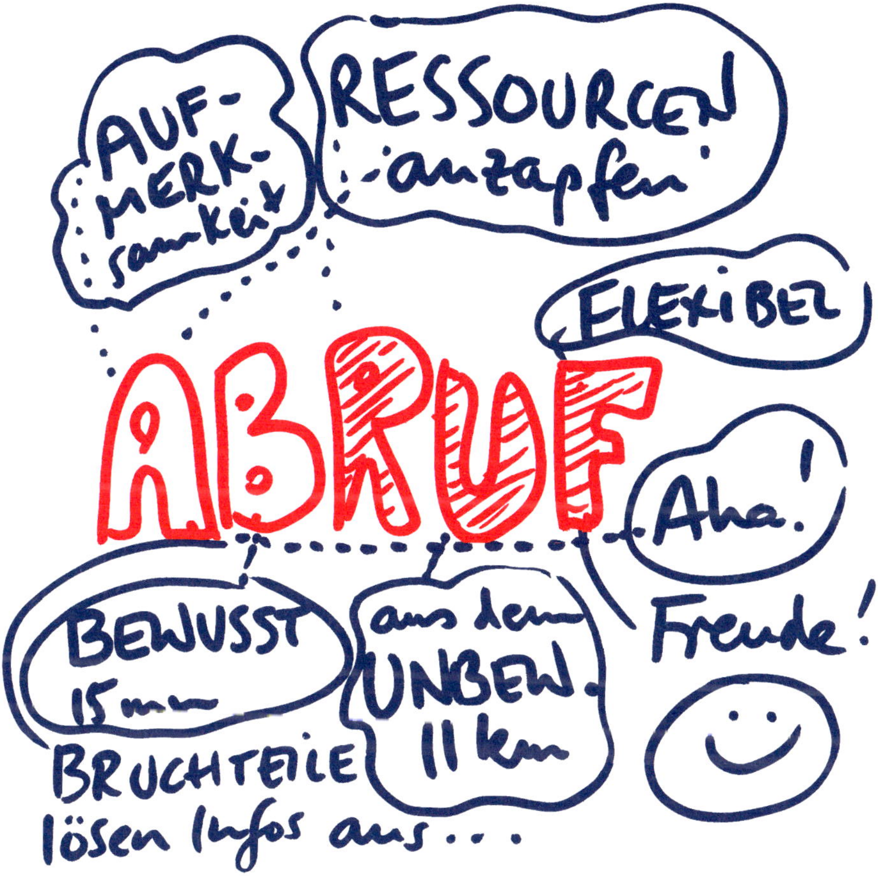

Wenn wir systematisch in den Katakomben unseres Unterbewußten nach Erinnerungen **forschen**, die normalerweise nicht (oder gar nie mehr) aktiviert worden wären – das ist **eine der besten Trainings-Aufgaben für unser Gehirn.** Dies taten wir früher automatisch, ohne zu wissen, daß unser Vorgehen einem notwendigen Gehirn-Training gleichkommt. Wir sprachen bereits davon, wie ein Musikstück (oder die Bemerkung eines

Wir wissen inzwischen, **daß** das Gehirn (wie ein Muskel) trainiert werden muß. Aber wir begreifen erst nach und nach, welche Formen des Trainings am meisten bringen.

Mitspielers) plötzlich Erinnerungen auslösen kann. So unternahmen wir früher regelmäßig **geistige Spaziergänge in unsere Vergangenheit**.

> **Interessant ist, daß ältere Menschen instinktiv ahnen, daß solche Gespräche über das Gestern ihnen ein geistig gesünderes Morgen ermöglichen, aber oft haben sie niemanden, der mit ihnen über früher sprechen möchte!**

Hier sollten wir dringend Abhilfe schaffen, z. B. indem wir Waisenkinder mit älteren Menschen zusammenbringen (eine Art: Ich-adoptiere-mir-eine-Oma-Prinzip). Es gibt bereits derartige Ansätze, und sie haben sich hervorragend bewährt. Die Jungen wollen sehr wohl etwas über früher erfahren, und die Alten können ihre Erfahrungen weitergeben und gleichzeitig ihr Gehirn wachhalten!

Wenn Ihnen dies einleuchtet, verstehen Sie sicher, warum einige Spiele bewußt das Schwelgen in der Vergangenheit fördern. Und ich muß Sie warnen: Auch wenn es sich beim Lesen nicht sofort „darstellt" – solche Spiele können immens spannend werden (ab S. 64). Daß sie gleichzeitig das beste Anti-Altersheimer-Training darstellen, ist quasi die Sahne auf dem Kuchen. Wer möchte noch ein Stück ...?

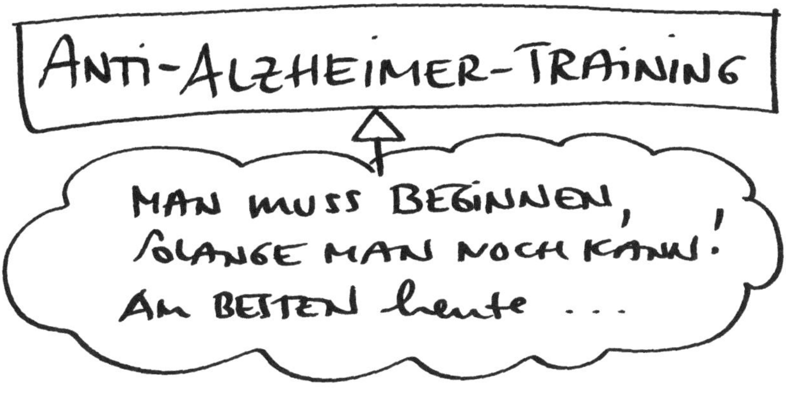

Modul 2 – Raten, aber anders!
(Mitten in eine Reportage hinein-zappen)

Diese Rätsel-Variante ist ein wahrhaft exploratives Rate-Spiel.

Der Schlüsselbegriff **EXPLORATIV** beschreibt einen wesentlichen Aspekt unserer Spiele, vgl. das Wort-Bild (KaWa©) zu **SPIELE** (S. 16): EXPLORATIV heißt „forschend" im besten Wortsinn: forschen, entdecken, herausfinden ...

Bei diesem Spiel stellen wir uns vor, A (die Person, die **antwortet**) habe sich in eine spannende Reportage oder Dokumentations-Sendung im Fernsehen hineinge-„zappt" und berichtet darüber. Erst am Ende (der Sendung) hat er oder sie (angeblich) erfahren, worum es ging (was jetzt zu erraten ist).

A kennt also die Lösung und gibt dem Rateteam Hinweise, indem er/sie schildert, was er/sie (angeblich) ursprünglich gesehen/gehört hatte, als A (angeblich) selbst noch staunte und sich fragte, worum (bzw. um wen) es in dieser Sendung wohl ginge.

A beginnt mit einer Basis-Information, die er wie folgt einleitet: **„Also, wie ich da neulich reinzappe, da sehe ich ..."** (Es folgt die Basis-Info, mit der das Rätsel beginnt!) Nun beginnen die MitspielerInnen zu raten. Es gibt **zahllose Aspekte**, die als Thema der Sendung, die A gesehen haben will, geraten werden **können**. Immer gilt der Zusatz: **gegenwärtig, historisch, fiktiv (aus Literatur, Theater, Film, TV)**:

- einen ORT
- einen GEGENSTAND
- eine PERSON
- einen BERUF
- ein TIER
- eine PFLANZE
- eine EPOCHE

etc.

Fallbeispiel 1: Der Typ am Flügel ...

A Also Leute, wie ich da so reinzappe, da sehe ich einen Typen an einem Flügel ...

R-1 Raten wir eine berühmte **Person**?

A Nein.

R-2 Demzufolge auch keinen berühmten Pianisten?

A Richtig. Also, dieser Typ spielt eine kleine Tonfolge, dann beschäftigt er sich mit etwas unter dem Deckel ...

R-1 Raten wir einen Beruf?

A Richtig.

R-3 Benutzt er einen Schlüssel und verstellt er die Schrauben?

A Ja, sehr gut!

R-3 Du hast also eine Sendung über einen Klavierstimmer gesehen?

A So ist es.

A = die Person, die antwortet; R = diverse Ratende

Das ist die **einfache** Version (für Einsteiger). Aber es gibt eine noch spannendere Weiter-Rate-Version, allerdings müssen wir zuerst begreifen, daß es bei dieser Art von Ratespielen immer wieder passieren wird, daß jemand eine Doppelfrage stellt. Es folgt das echte Protokoll dieser Raterunde (die Version oben ist nämlich eine vereinfachte und bereinigte Version). In Wirklichkeit wurde eine **Doppelfrage** gestellt und zunächst von den FragestellerInnen nicht unmittelbar registriert.

Das **Modell mit der Inhalts- und der strategischen Ebene** wurde auf Seite 13 erklärt.

Die Doppelfrage

Sie ereignete sich gleich zu Anfang, nachdem A gesagt hatte: „Also Leute, als ich da reinzappe, da sehe ich diesen Typen an einem Flügel sitzen ...“. R-1 wollte wissen: „Raten wir eine **Person**, einen **Pianisten** vielleicht?“, was A verneinte. Damit verneinte A jedoch die zweite der beiden Fragen (was gleich bemerkt wird).

A **Nein**. Also, wie der da so spielt, merke ich, daß er einige wenige Töne anschlägt, immer wieder. Dann hantiert er im Inneren des Flügels und wiederholt die wenigen Töne ...

R-1 Es geht aber schon um die **Person**, die du siehst?

A Klar ...

R-1 Aber **du hast gesagt**, es ist keine Person! *(Ehe A sich rechtfertigen muß:)*

R-2 Quatsch, das war 'ne **Doppelfrage** vorhin!

R-3 Richtig, es ging um Person **oder** Pianist!

A Genau. **Und ich zog es vor, die zweite Frage zu verneinen** und festzuhalten, daß es sich **nicht** um einen **Pianisten** handelt, der erraten werden soll.

R-2 Ganz richtig. Also weiter: Hast du den Eindruck, dieser Typ, der da an dem Flügel rummacht, kann gar nicht richtig spielen?

A Genau! Weil er immer einige Töne wiederholt, die darüber hinaus nicht einmal wie ein richtiges Stück klingen.

R-1 Dann hat es eher etwas mit Technik zu tun ?

R-2 Ein Techniker im weitesten Sinne?

A So ist es. Also, er benutzt eine Art Schraubenschlüssel und verstellt die großen Schrauben am Ende der Saiten ...

R-3 Ein Klavierstimmer!

A Richtig!

In der Regel muß die Person, die **antwortet, klarer denken** als die FragestellerInnen. Vor allem sollte sie Doppelfragen erkennen und gleich abweisen. Deshalb gilt im allgemeinen die Regel:

> **Wir lernen am meisten über Fragetechnik, wenn wir dasselbe Rätsel möglichst oft be-ANTWORTEN, weil wir dann sowohl auf der Inhalts- als auch auf der strategischen Ebene (parallel) denken müssen.**

Aber in der folgenden **fortgeschrittenen Variante** müssen die Fragenden mindestens ebenso gut denken wie die Person, die zunächst antwortet. Denn in dieser Variante gewinnen wir weitere Antwortende hinzu (während wir Fragende „verlieren").

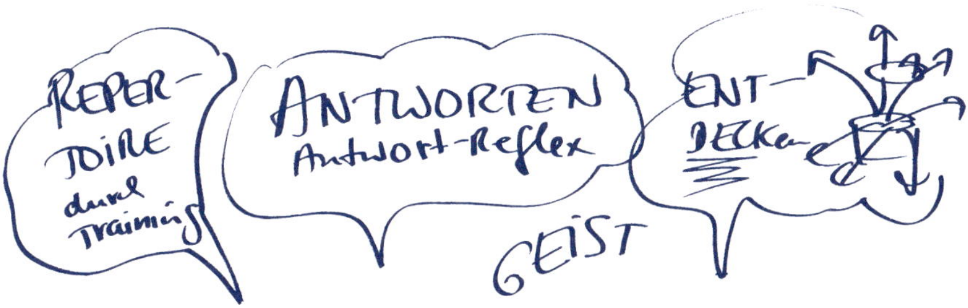

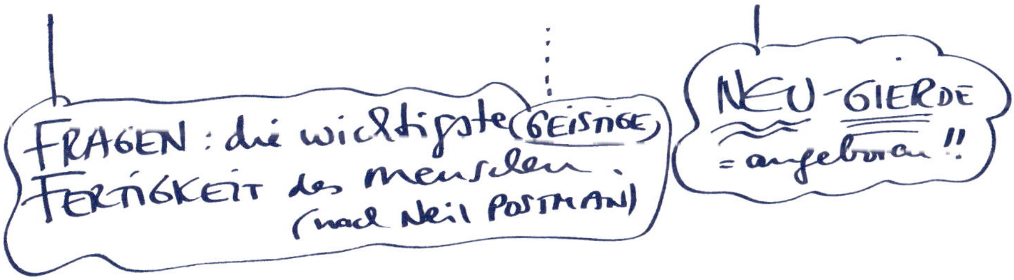

Die fortgeschrittene Weiter-Rate-Variante

Wer glaubt, Bescheid zu wissen, darf die Story weiterspinnen bzw. mit der ersten Person abwechselnd weitererzählen. Solange alles stimmt, erzählen nun zwei Personen, bis eine dritte meint, sie könne sich unter die „Berichterstatter“ mischen, so daß bald immer mehr Wissende die Fragen der Unwissenden beantworten und weitererzählen.

Noch ein Beispiel gefällig? Diesmal erleben Sie die Variante mit, in der Ratende, die die Lösung zu wissen glauben, einfach mitspielen und so tun, als hätten sie die Sendung ebenfalls gesehen. In diesem Spiel war es als erste/r R-2. Nachdem R-2 Bescheid wußte, gab es keine R-2, dafür aber neben A-1 (der das Spiel gestartet hatte) eine neue A-2. So „wächst“ die Zahl der A.s in dieser Variante, während die Zahl der R-Personen „schrumpft“.

Wir geben den SpielerInnen in den Fallbeispielen extra keine Namen, damit wir leichter mitverfolgen können, ob ein/e FragestellerIn oder ein/e Antwortende/r spricht. Nachdem eine R-Person „im Bild“ ist, ändern wir ihre Bezeichnung in A um, weil sie **ab jetzt auch antwortet.**

In dieser Runde hatten fünf Ratende aktiv geraten, während die anderen Anwesenden Publikum spielten. Das ist wichtig bei dieser Art von Rätsel: Es kann mehr Spaß machen, wenn nicht zu viele gleichzeitig durcheinanderrufen, insbesondere wenn wir wirklich unsere Denk-Fähigkeit schulen wollen. Dann kann **bewußtes Zuhören** sehr **spannend** sein. Dabei dürfen die ZuhörerInnen selbstverständlich auch mal Zwischenfragen stellen (während die offiziellen R-Personen ununterbrochen raten).

Fallbeispiel 2: Ein Ort

Achtung, es handelt sich um einen fiktiven Ort …

A Also Leute, wie ich da so reinzappe, da sehe ich diesen Typen hinter der Bar, viele Leute sitzen an Tischen. Sie unterhalten sich, und jetzt betritt der oberste Sicherheitsmann den Raum …

R-1 Wir befinden uns also in einem Gebäude?

A Nein, das könnte man eigentlich nicht sagen …

R-2 Habt ihr den Tonfall gehört? *(Zu A:)* Aber es ist in gewissem Sinne ein „Innen" im Gegensatz zu „Draußen, in der Welt".

A Jaaaa, da müßte ich wohl zustimmen.

R-1 Aber „innerhalb eines Gebäudes" ist trotzdem definitiv falsch?

A Ziemlich, ja.

R-2 Aber man könnte sagen, innerhalb einer … sagen wir: Struktur?

A Ja, das könnte man.

R-3 Eine Struktur, in der sich Menschen befinden?

R-1 Klar, eine ganze Bar befindet sich darin.

R-2 Wahrscheinlich noch viel mehr, hm?

A Richtig. Eine ganze Reihe Shops, genaugenommen … auch das Büro der Sicherheits-Beauftragten befindet sich hier, fast gegenüber vom Eingang der Bar, aus der gerade ein Mann namens Garak herauskommt …

R-1 Könnte man diese Struktur als „Schiff" im weitesten Sinn bezeichnen?

A Hm, ja, könnte man – allerdings nur im **allerweitesten** Sinne …

R-2 Also kein Luxus-Kreuzschiff?

A Nein, definitiv nicht. Diese Struktur verbleibt übrigens die meiste Zeit an einer bestimmten Stelle, sie wird nur höchst selten bewegt, denn Bewegung gehört sozusagen nicht zu ihren Funktionen.

R-3 Etwa ein Raumschiff?

R-2 Quatsch, das würde sich ja bewegen ...

R-3 Trotzdem, A soll erst mal „nein“ sagen!

A Nun, bei Raumschiff kann ich sagen: „nicht direkt“ ...

R-1 Erzähl noch ein wenig aus der Sendung im Fernsehen ...

A Tja, also wir sehen den Sicherheitsmann mit dem Barkeeper sprechen, wobei er ihn ziemlich barsch behandelt, dann verläßt er die Bar, und wir sehen ihn auf der Promenade zu seinem Büro gehen ...

R-2 Sagtest du bewußt PROMENADE?

A Sicher.

R-2 *(spielt jetzt mit und wird zu A-2, weil er/sie richtig geraten hat)* Aha, jetzt ist mir klar, daß ich das **ebenfalls** gesehen habe. Diese Promenade stellt eine Art Rundgang dar, mit einer Galerie, die große Teile davon überdeckt, richtig?

A Genau. Da oben stehen jetzt zwei Jugendliche und schauen auf die Leute herab, die über die Promenade gehen.

A-2 Der eine ist der Neffe des Barkeepers, der übrigens der Besitzer dieses Etablissements ist ...

A-1 Ja, und der andere heißt **Jake** und ist der Sohn des militärischen Leiters ...

R-3 Oh, wenn er Jake heißt, könnte dann der andere Jugendliche **Nag** heißen? *(A-1 und A-2 grinsen und nicken, R-3 wird zu A-3)* Aha! Dann heißt der Barkeeper Quark und gehört zu den größten Materialisten dieser Welt ...

A-2 Ja, und diese Leute haben grooooooooße Ohren ...

A-1 Und diese Welt, von der du sprachst, ist nicht auf dieser Erde, auf der wir uns gerade befinden ...

A-3 Genau. Nicht einmal in diesem Quadranten *(alle A's lachen)*

R-4 Also, ich verstehe immer mehr Bahnhof ...

R-5 Könnte es sich um einen fiktionalen Ort handeln?

A-2 Doch! Ja!

A-3 Er existiert ja auch erst 400 Jahre in der Zukunft!

A-1 Bis dahin könnte er natürlich real werden ...

R-4 Aber im Augenblick handelt es sich noch um einen Ort aus dem Bereich der science fiction?

A-2 Richtig.

R-4 Und diese science fiction spielt sich im Fernsehen ab ...?

R-5 *(geht ein Licht auf!!)* Dann befindet sich die Struktur wohl in der Nähe des Gamma-Quadranten?

A-1 Nun, über den Begriff „Nähe" könnte man streiten ...

R-5 *(wird jetzt definitiv zu A-4):* O. k., aber dort befindet sich der **Eingang** zum Durchgang zum Gamma-Quadranten ...

R-4 *(Nun „klickt" es auch bei dieser Person):* Aaah, mit Durchgang ist wohl ein besonderes stabiles Wurmloch gemeint, das nur durch die Aktivität der sogenannten Propheten aufrechterhalten wird?

Jetzt sind alle Ratenden „im Bilde". Nehmen wir an, man ist nicht darauf aus, das Star-Trek-Thema aus der späteren Serie Deep Space Nine, kurz DS9 (über eine Weltraumstation) näher zu diskutieren, dann könnte man unmittelbar zum nächsten Rätsel übergehen.

Bitte beachten Sie, daß diejenigen, die sich von R zu A „wandeln", nichts fragen, was das Rätsel mit einem Schlag löst (und für alle zerstören würde, die noch weiter raten wollen)! Bei der ersten Variante kann man das Rätsel mit einer Schlußfrage (Klavierstimmer?) auflösen, bei dieser Variante gilt es, das Rätsel „am Leben zu halten", solange noch SpielerInnen nicht wissen, worum es geht!

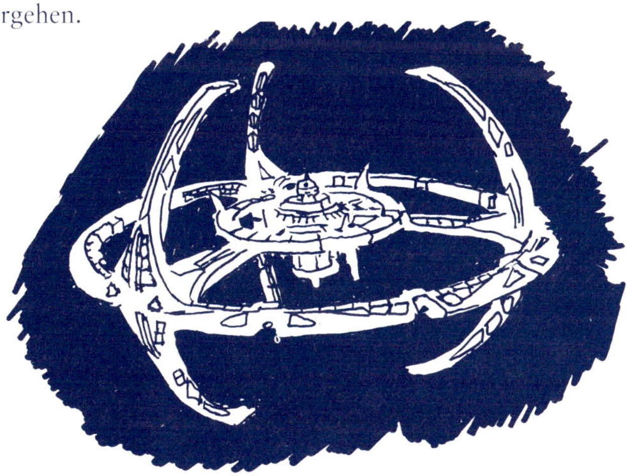

Fallbeispiel 3: Eine Person

Auch hier spielt man die Weiter-Rate-Version!

A Also Leute, wie ich da so reinzappe, da sehe ich einen eher unscheinbar wirkenden Mann. Er trägt einen weißen Kittel und befindet sich in einem einfach möblierten Raum …

R-1 Er ist berühmt?

A Ist er, sogar heute noch! Dabei lebte er vor vielen Jahrzehnten, um die Wende zum 20. Jahrhundert, glaube ich …

R-2 Ist der weiße Kittel ein hilfreicher Hinweis?

A Das glaube ich schon. Allerdings tragen die Leute, die auf seinem Gebiet tätig sind, heute weit mehr als nur einen Kittel.

R-3 Ah, heißt das, daß er sich über die Gefahr seiner Arbeit damals noch nicht im klaren war? Ich denke an die beiden Eheleute Curie, die ja beide strahlenkrank wurden, weil sie keine Ahnung hatten, was ihre Entdeckung bedeutete …

A Interessant. Ja, da kann man durchaus von einer Parallele sprechen …

R-2 Es hat also auch hier mit Strahlung zu tun?

A Ja, das kann man sagen.

R-3 Die gleiche Art von Strahlung?

A Hm, das glaube ich nicht, bin aber nicht ganz sicher, ich kenne mich da nicht so aus … Ich notiere die Frage mal … *(schreibt sie auf)*

Hinweis: Wenn wir etwas nicht wissen, können wir die Frage notieren und am Ende, wenn alle Bescheid wissen, noch einmal vorlesen. Nun weiß vielleicht jemand, wie man diese Frage hätte beantworten können. Oder wir schauen jetzt in einem Nachschlagewerk nach, um die Antwort zu finden.

R-4 Was war noch zu sehen?

A Er betrachtete ein Bild, es zeigte die Knochen einer Hand sowie den Ring, den diese Hand trug …

R-1 Aah, ich weiß Bescheid …

R-4 Das kann ich von mir nicht behaupten.

An dieser Stelle könnte das Rätsel zu Ende sein. R-1 könnte die „letzte Frage" stellen, und wenn R-1 recht hat, kann niemand mehr weiterraten. Deshalb gibt es die Weiter-Rate-Variante! R-1 beginnt, eine A-Rolle einzunehmen und mitzuspielen. Er verrät genug, daß A weiß, was gemeint ist, die anderen aber weiterraten können, d. h. wir haben ab jetzt 2 A's:

R-1 Aah, ich weiß Bescheid ... Sagen wir mal, der Mann betrachtete eine Aufnahme, die durch einen großen Zufall entstanden war ...?
(Nun wandelt sich R-1 in A-2)

A-1 Genau!

A-2 Und er postulierte geheimnisvolle Strahlen, die ihm die Wissenschaft zunächst nicht abnehmen wollte ...

A-1 ... und denen er den geheimnisvollen Namen „X-Strahlen" gab ...

A-2 Ja! „X" für „unbekannt", nicht wahr?

A-1 Genau! Aber dann berichtete die Sendung davon, daß wir in Deutschland die Strahlen nach ihrem Erfinder (eigentlich Finder) benennen, während man in der übrigen Welt nach wie vor von „X-Strahlen" spricht.

R-3 Aah, ich weiß jetzt auch, wen Ihr meint!

R-4 Also ich tappe noch im Dunklen.

Wieder könnte das Rätsel beendet werden, aber wenn man die Weiter-Rate-Version spielen will, dann stellt **keiner** die eine Frage, die den gesuchten Namen/Begriff preisgibt. Stattdessen spielt R-3 jetzt einfach **mit**, was ihn zu A-3 macht:

A-3 Der Name des Mannes hat zwei Silben, gell?

A-1 *(nickt)* Ja. Und warum trug er einen weißen Kittel?

R-3 Weil er Arzt war ...

R-4 Ah, jetzt dämmert es mir. Sein Name beginnt mit einem „R"?

A-1 Ja, ich glaube, jetzt könnten auch Sie es wissen.

R-4 Nachdem ich der letzte in dieser Runde bin, kann ich es auch sagen:
Es geht um RÖNTGEN? *(Alle A's applaudieren!)*

Wieder sind alle Ratenden „im Bilde". Nun kann man zum **Diskutieren** bzw. zum **explorativen tieferen Erforschen des Themas** übergehen – oder zum nächsten Rätsel, je nachdem, was man **diesmal** tun möchte. Unsere Gruppe hat sich noch über den genialen Forscher unterhalten, hat ein wenig im Lexikon geblättert und einige Absätze vorgelesen und debattiert, ebenso hat man die aufgeschriebene Frage „bearbeitet" und so einiges an Tiefe zur Rätselfrage gewonnen.

Vgl. auch „Intelligentere Quiz-Spiele (S. 78 ff.).

Erinnerung: Ob wir nach dem Raten in die Tiefe gehen, entscheiden wir jedesmal spontan, wenn das Geratene allen Ratenden bekannt ist.

Bei manchen Themen lohnt es sich sehr wohl, in die Tiefe zu gehen, wenn aber (hier und heute) niemand Lust hat, wollen wir es nicht erzwingen.

Manchmal passiert es auch, daß eine Splittergruppe sich absondert, um noch über das Thema zu sprechen, während die anderen mit dem nächsten Rätsel beginnen; dies ereignet sich häufiger bei größeren Gruppen und ist eben deshalb nicht schlimm, denn dadurch wird lediglich die Gruppe, die das Publikum „darstellt", kleiner.

Variante: Wenn eine Gruppe sich „absplittert", könnte man darum bitten, daß sie – ihrer Rolle als „Forscher" gemäß – später ein kleines Referat über die Ergebnisse ihrer in die Tiefe gehenden Recherchen oder Diskussionen halten. Das kann sehr spannend werden. (Diese Variante ist schwer einzuordnen, denn sie gehört sowohl in die Kategorie der **Rate-** als auch der **Rhetorischen Spiele.**)

Modul 3 – Rhetorik-Spiele
(Rhetorik: Eine grundlegende Denk-Fähigkeit!)

Ich bin immer wieder erstaunt, wie wenig Wert bei uns auf eine rhetorische Ausbildung gelegt wird. Egal, ob Sie ständig die „große Rede schwingen" wollen oder ob Sie rhetorische Fähigkeiten benötigen für normale Gespräche, Verhandlungen, Meetings, Konferenzen (von wichtigen Gesprächen im Privatbereich ganz zu schweigen). Die Angelsachsen haben einen Teil des griechischen Erbes in ihre Erziehung und Ausbildung hinübergerettet, damals gehörte Rhetorik zu den wichtigsten Fähigkeiten, die man bei einem gebildeten Menschen einfach erwarten kann.

Vgl. mein Buch *Rhetorik* wie auch mein didaktisches Hörspiel *Rhetorik-Training* (in dem man durch Zuhören zum Teilnehmer eines Rhetorik-Seminars wird; derzeit in der 11. Auflage).

Bei den folgenden Rhetorik-Spielen gilt zu beachten:

1. Viele Leute sind als EINSTEIGER/innen zu sehen. Wenn man vorsichtig einsteigt, wird es auch ihnen Spaß machen. Mit Training werden EinsteigerInnen automatisch besser. Je öfter man also rhetorische Spielchen spielt, desto schneller wird man eindeutige Resultate sehen!
2. Es sollten EINIGE GUTE Leute in der Gruppe sein, weil diese den EinsteigerInnen als Modell dienen (sonst kommt bei AnfängerInnen zu leicht der Eindruck auf, die Spiele seien zu schwer – das wäre schade!)
3. Gehen Sie es „klein" an, d. h. streuen Sie zunächst das EINE oder ANDERE einzelne Rhetorik-Spiel ein, um das Spiel-Niveau in der heutigen Gruppe einzuschätzen. Wenn es gut läuft, können Sie später ein weiteres vorschlagen. Sonst lassen Sie es heute gut sein.
4. Am besten begreifen die Mitspieler, wenn man ihnen DEMONSTRIERT, worum es geht. Spielen Sie also mit ein, zwei Insidern vor (zumindest an), wie es gleich ablaufen wird, das erspart lange Erklärungen (oder verkürzt diese dramatisch).

Mit „zu schwer" beschreiben wir immer die Situation des **noch-nicht**-Könnens. Alles war uns einst „zu schwer": sitzen, gehen, sprechen, lesen, schreiben, rechnen ...

Die folgenden Spiele setze ich alle auch im Seminar ein. Sie garantieren Lernspaß, d. h. Lernen mit Spaß, sind also im doppelten Sinne wertvoll!

60 Sekunden Sprechdenken (Ein Klassiker)

In meiner Jugend gehörte dieser Klassiker unter den Rhetorik-Spielen noch zum Standard. Wurde nur ein Rhetorik-Spiel gespielt, dann meist dieses. Es gab zahlreichen Varianten, z. B.

Totale Einsteiger: Wie in der Randspalte beschrieben, nur daß die SpielerInnen 30 bis 60 Sekunden Vorbereitungszeit bekamen, um ihre „Rede" ein wenig zu planen.

Einsteiger: Ohne Bedenkzeit, es galt ja gerade zu lernen, laut zu assoziieren, eine Fähigkeit, die uns in vielen Lebenslagen helfen wird, z. B., wenn wir in Meetings, Konferenzen, Verhandlungen auf überraschende Einwände reagieren müssen ...

Fortgeschrittene: Sie müssen **zwei** Begriffe, die absolut nichts gemeinsam haben, in ihrer Rede einigermaßen sinnvoll verbinden; es gibt Extrapunkte für Kreativität.

Profis: Sie verbinden sogar 3, 4 und 5 isolierte Begriffe miteinander.

Ich erinnere mich noch heute gerne an das Gelächter, das oft mit den Versuchen einherging, den zweiten (bzw. bei den Profis: den **letzten**) sachfremden Begriff noch in den letzten Sekunden unterzubringen. Manche Profis schafften es, die Spannung enorm hochzutreiben, indem sie den Eindruck erweckten, sie hätten das andere Wort (oder den letzten Begriff) vergessen bzw. könnten ihn absolut nicht „einbauen", um ihn dann doch noch „auf den letzten Drücker" mit dem Rest der Rede zu verbinden. Typische „Couch-potatoes" können sich kaum vorstellen, daß Leute Lust haben, sich derart „anzustrengen". Aber wenn wir bedenken, wie beliebt heutzutage sogenannte CASTINGS sind, bei denen hunderte von (jungen) Leuten sich vor einer Jury „produzieren", indem sie **Reden** halten, **schauspielern, singen, tanzen** (also eine Leistung vollbringen!) – dann

So geht es: Es wird ein (Überraschungs-) Stichwort ausgelost, zu dem man 60 Sekunden lang nonstop SPRECHDENKEN muß, möglichst ohne Äähs (dabei muß ununterbrochen gesprochen werden).

In manchen Variationen erzählt man auch eine Story, statt eine „Rede" zu halten.

Man kann verschiedene Belohnungs-Systeme einsetzen, von einfachen Punkten bis zu richtigen Preisen, je nach den Wünschen der Gruppe.

begreifen wir, daß es doch in der Natur des Menschen liegen könnte, seine Kräfte gerne mit anderen zu messen. Manche tun dies lieber auf sportlichem Gebiet, andere auf geistigem; jede/r nach seiner/ihrer Façon …

Es folgen einige weitere Rhetorik-Klassiker. Einige davon sind Salon-Spiele, die man schon anno 1850 mit Be-GEIST-erung spielte. Einige entstammen der vorzüglichen Spiele-Sammlung *1000 klassische und neue Spiele für drinnen und draußen*, die ich wärmstens empfehlen kann. In einer Zeit, in der die zweite Fernseh-Generation heranwächst, ist so eine Spiele-Sammlung (übrigens auch hervorragend erklärt) pures Gold wert!

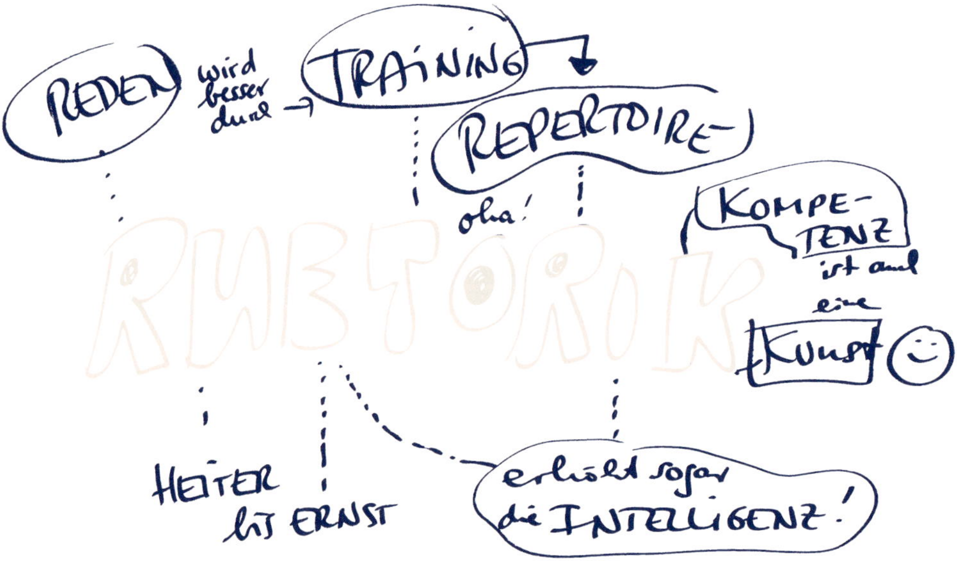

Ein/e JournalistIn und viele Alter Egos

Man sitzt in einem großen Kreis, optimal Männlein und Weiblein in „bunter Reihe“ gemischt. Eine Person spielt den Journalisten, der die Anwesenden interviewen will. Der Journalist wird den MitspielerInnen Fragen stellen, dabei muß er keine bestimmte Reihenfolge einhalten.

„Bunte Reihe“ bedeutet: abwechselnd ein Mann, eine Frau ...

Angenommen, ein älterer Herr wird **nach seinem Hobby** gefragt, dann darf er aber nicht antworten, stattdessen übernimmt die Person zu seiner rechten das Antworten (als sein Alter Ego). Man versetzt sich also in den jeweiligen Nachbarn (zur Linken) und versucht, eine Antwort zu geben, die auf diese Person paßt, für die man antwortet. Der Betroffene selbst darf nichts sagen, ja er darf nicht einmal mit Gesten, Kopfnicken, Kopfschütteln etc. reagieren. Er muß wie ein Götzenbild stumm dasitzen und stoisch ertragen, was die Person neben ihm an seiner Stelle sagt.

Beispiel: Frage **an den älteren Herrn**: „Was ist Ihr Hobby, mein Herr?“ **Darauf die Dame** rechts von ihm:

- Wenn sie ihn gut kennt, sagt sie vielleicht: „Ich sammle Puppen, vor allem alte, die ich renoviere. Ganz besonders mag ich Röhrenpuppen, die jedoch sehr selten sind.“
- Kann sie ihn aber noch nicht einschätzen, dann erfindet sie frisch und frei: „Also, ich sitze gern im Straßen-Café und blicke jungen Mädchen nach.“

Auch hier gilt die Regel: Was wir nicht wissen, wird frei erfunden (vgl. „Demokratische Definitionen“, S. 93). Somit sind die Antworten entweder faszinierend, weil zutreffend, oder lustig, weil völlig „daneben“ oder gut erraten ...

Das Politiker-Alter-Ego

Dies ist ein ideales Rede-Duell für alle, die es stört, daß auch bei uns immer mehr die amerikanischen Sitten einreißen, indem Politiker die Wähler regelrecht bitten: „Wählt mich, ich bin der bessere für den Job." Nun, bei diesem Spiel kann nur der gewinnen, der dem Publikum klar macht, warum sein Kontrahent der bessere ist. Ausgehend von der Annahme, daß die Person, die ihre/n MitbewerberIn als besser (als sie selbst) darstellt, die ehrlichere Person ist und deshalb von den „WählerInnen" den Zuschlag erhält. Also muß man sich auch hier so gut wie möglich in den anderen hineinversetzen (sei es, weil man sich gut kennt, sei es, weil man gut erfindet), um die Vorzüge des anderen zu verkünden. Ein spannendes Spiel, das sowohl manchmal sehr in die Tiefe gehen als auch sehr lustig werden kann ...

Quelle: *1000 Spiele für drinnen und draußen.*

In the Year 2525 ...

Dies ist ein prophetisches Spiel. Bei dieser „echten" Rede gilt es, die Frage zu beantworten: „Wie stellen Sie sich die Welt im Jahre 2525 vor?" Die Aufgabe könnte mit der Einladung gestellt werden, dann kann man so viel Zeit in die Vorbereitung stecken, wie man will. Oder man gibt das Thema bekannt, und jeder hat einige Minuten Zeit, sich kurz einzustimmen, einige Ideen zu notieren und loszulegen. Wenn einige lieber keine Rede halten wollen, fungieren Sie als BERATER für jene, die es tun, und helfen mit Ideen. Allerdings berät ein Berater nur eine Person, damit die Reden inhaltlich nicht zu ähnlich werden.

Wenn Sie den Pop-Song *In the Year 2525* (Im Jahre 2525) besitzen, könnten Sie das Spiel mit dem Lied einleiten.

Varianten

Andere Zeiträume – vom Jahr 2025 bis 5.000.000.000 ist alles denkbar. Denn man rechnet damit, daß unsere Erde noch ca. 5 Milliarden Jahre existieren wird, ehe unsere Sonne sich in einen weißen Riesen verwandelt ...

Eine Festrede – doch wer ist gemeint??

Dies ist ein Rhetorik-Spiel voller Geheimnisse:

1. Früh am Abend wird **ausgelost**, wer heute die Ehre haben wird, eine ganz besondere After-Dinner-Rede auf einen Jubilar zu halten, nämlich auf eine Person, die heute (angeblich) geehrt werden soll. Allerdings ist die Auslosung geheim, nach der „Wahl" weiß nur der oder die Betroffene, daß er/sie das große Los gezogen hat!
2. Nun nützt der/die große FestrednerIn die Zeit, um über die Person, die er/sie ausgewählt hat, **möglichst viel zu erfahren**. Da niemand weiß, wer der Festredner und wer die gefeierte Person sein wird, kann unser/e FestrednerIn relativ unbehelligt recherchieren und andere Anwesende befragen.
3. Damit das Ganze schön geheim ablaufen kann, müssen **alle anderen Spieler mindestens einmal eine Person in Bezug auf eine andere „aushorchen"**, so daß jede Menge „roter Heringe" plaziert werden und bis zur Rede **möglichst nichts durchsickert**, weder wer die Rede halten noch über wen sie gehalten wird.

Leute Kennen-lernen

Kurz bevor die Rede beginnen soll, gibt sich unser/e FestrednerIn dem Gastgeber/Spielleiter zu erkennen, so daß er/sie angekündigt werden kann. Aber noch immer weiß niemand, **wen** die Rede loben und feiern soll. Damit sprachliche Indizien wie „er" oder „sie" nicht gleich zu Anfang die Hälfte aller Anwesenden ausscheiden lassen, muß unser/e FestrednerIn sich **einige Minuten** lang bewußt völlig „unklar" ausdrücken, indem er/sie ständig Begriffe wie „jene Person" oder „jener ehrenwerte Mitmensch" u. ä. benutzt. Damit wird gewährleistet, daß alle Anwesenden voller Spannung versuchen können, herauszufinden, wer gemeint ist.

Es gibt verschiedene Möglichkeiten, das Spiel aufzulösen. Die Anwesenden könnten in einer Art geheimer Wahl festlegen, wen sie für die ausgewählte Person halten. Aber sie könnten auch kleine Zwischenfragen (Ist es Herr Sowieso?) stellen. Entscheiden Sie, was Ihnen lieber ist.

Varianten

Alle Varianten beinhalten das Element, daß man zunächst nicht weiß, wer gemeint ist.

- Eine Rede anläßlich eines **Schiffes**, das heute getauft wird, (wobei das **Schiff** als **Metapher** für die zu ratende Person steht). Hier verschwindet das „er/sie"-Problem, weil wir ja immer nur von dem SCHIFF sprechen. (Natürlich können wir statt des Schiffes zahllose weitere Metaphern wählen, die für die Person stehen sollen!)
- Eine **Grabrede** (wobei eine hervorragende Übung darin besteht, seine eigene Grabrede zu schreiben, z. B. indem man sich fragt: Was will ich, daß man später über mich denken oder sagen wird?).

Auch diese Variante entstammt der wunderbaren Sammlung: *1000 Spiele für drinnen und draußen.*

- Eine Rede anläßlich der **Ehrendoktorwürde** der zu ratenden Person.
- Eine Rede zum **25. Hochzeitstag** der zu ratenden Person (besonders reizvoll, wenn diese noch sehr jung oder überhaupt nicht verheiratet ist).

Das nachfolgende Spiel stellt ein hervorragendes Training dar, jede Tatsache oder Information von einem anderem Standpunkt aus sehen zu können. Es ist also nicht nur ein ausgezeichnetes logisches und rhetorisches Training, das darüber hinaus viel Spaß machen kann, sondern es schult uns auch darin, den Standpunkt einer Person nachzuvollziehen, der unserem eindeutig gegenübersteht.

MÄRCHEN →

Märchen – aber anders ...

Dies ist ein Rhetorik-Spiel, das immens spannend (und lustig) werden kann. Es gilt, bekannte Märchen zeitgemäß zu „bringen". Dabei sagt man im Vorfeld natürlich nicht, um welches Märchen es sich handelt, aber auch wenn die ZuhörerInnen Bescheid wissen, erzählen wir weiter. Daß man zunächst erraten muß, wovon die Rede ist, ist nur ein Start-Bonbon, das eigentliche Spiel ist die Verfremdung oder Interpretation der bekannten Geschichte.

So begann ein Spieler sein Märchen vom Rotkäppchen z. B. wie folgt:

(aus der Sicht von Rotkäppchen)

> Also, da spaziert das junge Ding ohne Begleitung durch den Wald, und es kommt, wie es kommen muß, es nähert sich ihr die Gefahr in Form eines männlichen Wesens, nicht mehr ganz fit, einige graue Haare im Pelz, und er will ihr an die Wäsche. Zwar hat man uns bisher gerne weisgemacht, er hätte sie fressen wollen, aber das ist metaphorisch für das, was er wirklich vorhat ...

Das animierte eine zweite Spielerin, ihre eigene Version zu erfinden:

(aus der Sicht der Oma)

> Also, es war einmal eine junge Dame, die immer und überall helfen wollte. Auch wenn das Opfer nicht unbedingt scharf auf ihre Hilfe war, wie damals, als die alte Dame krank darniederlag und nichts als ihre Ruhe wollte. Nachts konnte sie überhaupt nicht schlafen, also hätte sie tagsüber Ruhe gefunden, wenn

ihre Enkelin nicht täglich mit dem großen Korb gekommen wäre und darauf bestanden hätte, ihr das Zeug in die Schränke zu räumen und das Süppchen, das ihre Mutter gekocht hatte, warm zu machen. Es war ein Kreuz mit der Familie ...

Daraufhin meldete sich ein Polizist zu Wort:

(aus der Sicht des (Menschen-)Jägers, z. B. Polizist, FBI, etc.)

Also, dieser Mann mit dem Jägerberuf hatte es schon lange auf jenen großen Wolf abgesehen. Er und seine Kollegen nahmen zwar an, der Graubart sei an kleinen Mädchen interessiert, aber bisher hatte es keine Beweise gegeben. Sie beschatteten ihn auf gut Glück, wann immer sie konnten. Gottseidank, denn an jenem Tag ...

Jetzt meinte jemand, die Position des armen Wolfes sei auch eine mögliche, und begann:

(aus der Sicht des Wolfes)

Der große Graue durchstreifte diese Gegend schon seit geraumer Zeit. Er hatte den letzten Machtkampf im Rudel verloren und war ins Exil geschickt worden, das Jagen wurde zunehmend schwerer, deshalb hatte er sich auf Menschenfleisch verlegt. Diese dummen Dinger, die da alleine im Wald, in seinem Reich, herumwanderten, mit ihren Kopfhörern auf den Ohren, als ob er dieses Geplärr in ihren Ohren nicht trotzdem hören konnte. Da liefen sie völlig taub durch den Wald und wunderten sich dann, wenn ...

Varianten

Mythen, Legenden oder derzeitige Geschehnisse, die man ironisch verfremden will ... So habe ich bei diesem Spiel einmal meine Variante des bekannten Pygmalion-Mythos erfunden:

Also, Pygmalion war ein Halbgott. Nun gab es im Olymp Halb-, Viertel- und ganze Götter, und er war nur ein armseliger Halbgott. Er hatte sich die ideale Partnerin aus Lehm am Fluß geformt, aber als Halbgott konnte er sie leider nicht zum Leben erwecken. Wie er da so rumsitzt und betrübt die Statue anschaut, kommt Pallas Athene vorbeigeschlendert (eine Ganz-Göttin). Aha, denkt Pygmalion, ob sie mir wohl hilft? Er fragt sie, ob sie bereit wäre, dieser Idealfrau ihren göttlichen Odem einzuhauchen. Nun, meinte sie, ich habe gerade nichts Besseres zu tun, warum nicht. Und so erweckte sie die Statue zum Leben; Pygmalion nannte sie Galathea, und so wurde nicht nur einer Lehmfigur, sondern auch einer Idee Leben verliehen. Der Idee nämlich von einem Idealpartner, der aus der eigenen (metaphorischen) „Insel" kommt, die gleichen Erfahrungen hat wie wir, die gleichen Ziele, Prioritäten, Wünsche etc. Kurz, jemand, der genau so denkt und fühlt wie wir. (Meine Story brachte auch zum Ausdruck, daß das auf Dauer nicht gut gehen kann.)

Die „Insel" bezieht sich auf mein Insel-Modell, vgl. mein Taschenbuch *Erfolgstraining*.

Technischer Hinweis: Ob man im Sitzen miteinander spricht oder ob die Vortragenden nach vorne gehen, um ihren Vortrag als kleine Rede zu halten, entscheiden die SpielerInnen. Wer öfter Reden halten muß, will die Gelegenheit zum Üben vielleicht wahrnehmen. Wer seine rhetorischen Fähigkeiten eher allgemein (oder für Meetings, in denen man ja auch sitzt) trainieren möchte, will vielleicht lieber im Sitzen sprechen.

Die besondere Gestik eines Redners ...

Dies ist ein Spiel, dessen Vorlage Sie aus dem Varieté kennen: vorne sitzt ein Mensch und gestikuliert (manchmal wird auch gegessen, getrunken etc.), und nach einer Weile merken Sie, daß das Ganze so eigenartig wirkt, weil es nicht seine eigenen Arme sind, sondern die eines „Hintermannes" (im Wortsinn), dessen Arme so tun, als gehörten sie dem Akteur (vorne). Dies kann sehr lustig werden, wenn dieser „Armbesitzer"

- mit seinen Gesten die REDE des Akteurs „unterstreicht" (wobei der Redner möglichst oft Begriffe wie „groß" oder „riesig", „klein" oder „winzig, „hoch", „tief" etc. verwenden sollte),
- mit seinen Händen im Gesicht des Akteurs herumfuhrwerkt (sich an dessen Nase kratzt, diese putzt, sich an die Stirn faßt, etc.),
- schwierige Handlungen in Angriff nimmt (vom Nadel-Einfädeln bis zum Jonglieren).

Eine besondere Versteigerung

Vorbereitung: Es sollten vorab Redewendungen gesammelt werden, so daß man schnell zu spielen beginnen kann.

In Zeiten, da Versteigerungen einen nie dagewesenen Boom erleben, von Sotheby's (live) über e-Bay (im Internet), könnte dieses Spiel großen Anklang finden.

Jede/r bringt einen Gegenstand mit, auf den er oder sie verzichten kann (aber keinen Ramsch, den man wegwerfen würde; nur Dinge, die wir eben nicht wegwerfen möchten).

Nun kann jemand die Rolle des Versteigerers (vorne) übernehmen, oder die Leute in Ihrer Gruppe entscheiden sich, daß mehrere (oder gar jede/r) die Rolle ausprobieren will.

Man kann den mitgebrachten Gegenstand anpreisen oder den der folgenden Person (hier könnte man eine alphabetische Reihenfolge der Mitspieler zur Grundlage machen). Ebenfalls ist zu überlegen, was mit dem Geld passiert:

Alles hier Gesagte gilt auch für „Strafgelder", die wir bei manchen Spielen verordnen könnten (wo man früher ein Pfand gezahlt hätte).

- Sie können es sammeln und einer guten Sache spenden. Wenn Sie diese Variante wählen, ist vielleicht eine regionale Sache „besser" als eine weit weg? Wenn man ein Kinderkrebskrankenhaus in der Nachbarschaft hat, möchte man vielleicht dort helfen, wo man wohnt? Ist aber gerade ein weltweit bekannter Krisenfall eingetreten, dann optieren die Anwesenden vielleicht lieber für diesen ...
- Wenn Ihre Gruppe regelmäßig zusammen spielt, könnte man das Geld in ein großes Sparschwein stecken, das einmal im Jahr geschlachtet wird.
- Es könnte den heutigen Gastgebern zugesprochen werden.

Varianten

Es wird gar nicht um Geld gesteigert, sondern um ...

- eine „Dienstleistung" (man muß also mit Zeit und einer Hilfestellung „bezahlen"),
- Spielgeld,
- eine gewisse Anzahl von Sprichwörtern, die weggeschlossen werden, mit denen man später spielen kann (siehe nächstes Spiel),
- was immer Ihnen einfällt ...

Sprichwörter mit verteilten Rollen

Dieses Spiel wurde in meiner Jugend oft und gerne gespielt – auch ohne Fest. Wenn wir in der Milchbar „rumsaßen", spielten wir!

- Wer zuerst kommt, mahlt zuerst.
- Was du nicht willst, das man dir tu, das füg auch keinem andern zu.
- Was zuviel ist, ist zuviel.
- Was ich nicht weiß, macht mich nicht heiß.

Ein/e Ratende/r wird aus dem Zimmer geschickt. Zwischenzeitlich wird ein Sprichwort ausgewählt (siehe Randspalte). Auch in der Sammlung *1000 Spiele für drinnen und draußen* taucht dieses Spiel auf. Der Autor hat einen guten Rat: Die Sprichwörter sollen keine ungewöhnlichen Wörter enthalten, da diese die Lösung zu leicht machen (vgl. Randspalte). Natürlich können wir auch sagen: Bei Anfängern wählen wir bewußt ein solches Sprichwort (Morgenstund hat Gold im Mund – der erste Begriff ist ein klarer Hinweis!).

R = die ratende Person, A = alle, die antworten.

Nun verteilen wir jedes Wort an eine Person (in der Reihenfolge, wie wir sitzen) und holen das Opfer wieder herein. Dieses darf nun (strikt der Reihe nach oder durcheinander) Fragen stellen, egal worüber. Die Antworten der Wort-Besitzer müssen das Wort mindestens einmal enthalten.

R erfährt, wenn er hereinkommt nur, wie viele Wörter zu raten sind (also z. B. von Paul hier bis Michaela dort, jedem eine Frage stellen). Dann geht es los. Zum Beispiel:

R Wo befindet sich der Sitz des Papstes, bitte?

A-1 Dort, wo jeder, der den Papst in Rom sucht, hin muß: im Vatikan.

R Danke. Und *(zum zweiten)* was ist dein großes Lebensziel?

A-2 Das ist eine schwere Frage, da müßte ich lange nachdenken ...

Wenn Sie raten wollen, dann können Sie ja das Sprichwort suchen, ehe Sie am Ende die Lösung lesen.

R O. k. ... hm *(zum dritten)*: Was findest du besonders schlimm?

A-3 Leute, die sich in aller Öffentlichkeit kratzen, in der Nase bohren, etc.

R Aha! *(zum vierten)*: Und du? Dieselbe Frage, bitte. *(Auch das ist ab und zu erlaubt, solange man nicht allen Beteiligten dieselbe Frage stellt).*

A-4 Leute, die sich selbst loben, das finde ich nicht gut.

R Danke … *(zum fünften)*: Gibt es etwas, was dich in deinem Urlaub besonders glücklich macht?

A-5 Ja, das ist der phänomenale Sonnenuntergang dort. Wir sitzen jeden Abend am Strand und genießen ihn …

R O. k. … *(zum sechsten)*: Du gehst, glaube ich, jede Woche ins Kino. Stimmt das?

A-6 *(Die Antwort darf auch mal 2 bis 3 Sätze umfassen, aber auch nur in Ausnahmefällen, nicht jedesmal)*: Nein, wir gehen im Monat einmal ins Kino. Hinterher gehen wir essen und debattieren. Der nächste Termin ist in der nächsten Woche *(alle lachen)*.

Na, haben Sie es erraten?

Jeder ist sich selbst der Nächste.

Weitere Sprichwörter

- Wer einen guten Sprung machen will, geht erst rückwärts.
- Lege nicht der Zeit zur Last, was du selber verschuldet hast.
- Man sieht den Splitter im fremden Auge, im eignen den Balken nicht.
- Wer auf dem Wasser fährt, hat den Wind nicht in der Hand.
- Wer sich zur Taube macht, den fressen die Falken.
- Der glücklichste Mensch ist derjenige, welcher die interessantesten Gedanken hat.
- Gegen Pechsträhnen sind auch Friseure machtlos.
- Geldgeschenke sind fantasielos. Vor allem kleine.
- Warum haben wir zwei Ohren und nur einen Mund? Weil wir doppelt soviel zuhören wie reden sollten!

Es gibt einige Sprichwort-Sammlungen, die man konsultieren kann. Mehr dazu im Anhang, Literatur (S. 110 f.).

Varianten

Anstelle der Sprichwörter können auch **Zitate** oder **Liederanfänge** genommen werden oder Titel von Romanen, Opern, Musicals, Filmen, TV-Serien etc.

Hinweis: Man kann solche Spiele auch als Mannschafts-Spiel aufziehen. Bei einer kleineren Gruppe bildet man zwei Teams, die gegeneinander spielen, so daß die Gegenpartei das von uns angebotene Sprichwort raten muß. Bei größeren Gruppen kann man sogar mehrere Zwei-Parteien-Spieltrupps bilden. Wenn sie in der Nähe voneinander sitzen, empfehle ich Ihnen, die Nachbargruppen unterschiedliche Sprichwörter raten zu lassen. Sitzen sie jedoch weit genug auseinander, könnte es immens spannend sein,

- dieselben Sprichwörter zu verteilen sowie
- mit Video-Kameras (heute hat ja jeder dritte eine, sogar digital ...) BEIDE Spiele aufzuzeichnen. Später (oder an einem regnerischen Nachmittag) könnte man die beiden Varianten einmal vergleichen.

Ein Seminarteilnehmer erzählte mir diese Variante. Überdies sagte er: „Wir haben die Vorführung einmal sogar mit zwei Videogeräten und mit zwei Beamern gemacht. Man sah immer das erste Wort in der einen Gruppe links, dann diesen Teil in der anderen rechts, anschließend das zweite Wort links, dieses auch rechts usw. Es war spannender als jeder Krimi."

Modul 4 – Lebens-Spiele
(Wir sind, wer wir waren ...)

Die folgenden Spiele helfen uns, systematisch in unserem Gedächtnis „zu kramen“. Sie bieten konzentrierte Abruf-Reize (vgl. Erklärung, S. 24–26) für Erinnerungen, die sonst vielleicht für immer verloren gewesen wären. Sie helfen uns, jene mehrspurigen Autobahnen zu gewissen Schüssel-Erlebnissen unseres Lebens anzulegen, die auch nach einem „Blitz“ (im Gehirn), bei dem ein metaphorischer „Baum“ auf den Weg fällt, noch erreichbar sind, während Erinnerungen, zu denen nur ein halbverschütteter Trampelpfad führte, für immer unerreichbar werden. Genau das aber geschieht bei Demenz: **Wir können unsere eigenen Erinnerungen nicht mehr aktivieren!** Da unsere Persönlichkeit sich jedoch aus unseren Erinnerungen „aufbaut“, verlieren wir letztlich auch „uns“ in diesem Prozeß. Aber wir können gezielt gegensteuern:

Je mehr wir rechtzeitig vorbauen, indem wir die persönlichen Erinnerungen unseres Lebens spielerisch, aber systematisch stärken und ausbauen, desto gefeiter sind wir gegen die Probleme im Alter und desto länger können wir geistig „jung“ bleiben.

Wir sprachen eingangs (S. 18 ff.) darüber, daß **Erinnerungen an Episoden unseres Lebens** die beste Vorbeugung gegen Altersheimer (Alzheimer und andere Alters-Demenz-Krankheiten) sind. Also sind die hier aufgeführten Spiele im wahrsten Sinne lebensverlängernd (zumindest helfen Sie, die Lebensqualität zu verlängern!).

Die Lebens-Spiele können isoliert als normale Spiele gespielt werden. Wenn Sie sie als Anti-Altersheimer-Training einsetzen wollen, dann sollten sie jedoch mit einer gewissen Regelmäßigkeit angegangen werden, z. B. einen Abend pro Woche (Monat) ...

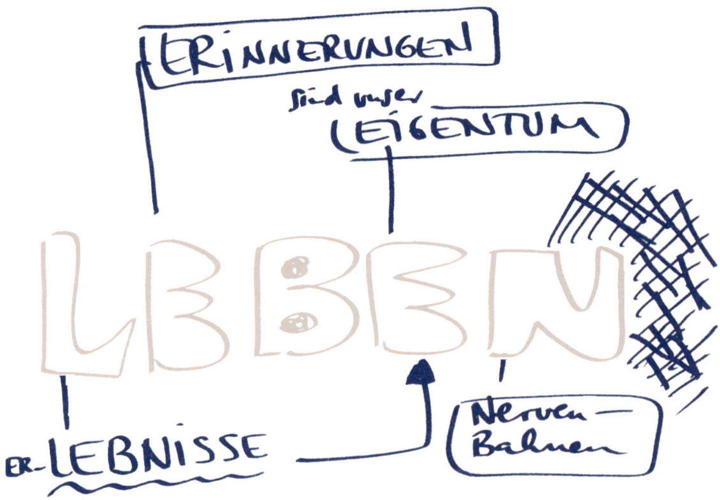

Vorbereitung: Jede Person legt einen **Überblick** über ihr Leben an, dieser könnte in etwa wie folgt untergliedert werden.

1. **Kindheits-Familie** (die Familie, in der wir Kind waren)
2. **Familie** (in der wir **Vater/Mutter**/Lebens-[abschnitts-] Partner sind)
3. **Volksschule** (so hieß das noch, als wir dort waren!)
4. **höhere Schule,** Lehrzeit (damals gab es noch Lehrlinge, keine Azubis)
5. **Arbeit** (diverse Jobs, Epochen, Städte, Firmen, z. B. „Nürnberg 1985–1990", oder der erste Job)
6. **Große Feste** (z. B. Silberhochzeit/Großeltern, Firmung von Klaus, Weihnachten 1999)
7. **Urlaubszeiten** (z. B. Jugoslawien 1987)
8. **Tennisverein** (jetzt)
9. **Studium** (wo, wann)
10. **Sonstiges** …

10 KATE-GORIEN

Um eine der 10 Kategorien auszuwählen, könnten Sie eine Kategorien-Lotterie benutzen. Sie könnten z. B. eine Stecknadel in die Liste stechen, mit dem Finger „blind" zeigen (ohne hinzuschauen), kleine beschriftete Kärtchen unter einem Tuch „blind" ziehen etc. Genausogut können Sie einfach gemeinsam entscheiden, welches Thema Sie heute spielen wollen … Eine andere Möglichkeit ist es, von konkreten Jahreszahlen auszugehen, was bedeutet, daß unterschiedliche Spieler unterschiedliche Epochen ihres Lebens nach Erinnerungen durchsuchen werden. Der 18-Jährige war vor 8 Jahren ein Kind, die 30-Jährige eine junge Frau, der Opa stand vielleicht noch voll im Arbeitsleben …

Diese 10 Kategorien sind gleichzeitig Spiel-Kategorien, so können wir je eine auswählen, und zwar pro Spielzeit oder pro Runde eines Spiele-Abends …

Erinnerungs-Fingerübungen (ABC-Listen zu Ihrem Leben anlegen)

Das Anlegen von ABC-Listen kann sehr spannend werden! Merke: Was uns und unser eigenes Leben betrifft, finden wir meist faszinierend!

Erstellen Sie mehrere ABC-Listen mit THEMEN zu Ihrem Leben. Dies kann man zwar alleine durchführen, aber genausogut gemeinsam. Falls es Ihnen im ersten Moment unwahrscheinlich erscheint, daß mehrere Menschen Lust haben, ABC-Listen zu Themen ihres Lebens aufzuschreiben, dann bedenken Sie, wofür die Buchstaben des Begriffes „Spiel" stehen könnten:

Das Suchen von Assoziationen zu den Buchstaben eines Wortes ist eine Aufgabe, die ebenfalls SPIEL-erisch angegangen werden kann. Diese Wort-Bilder helfen uns oft, ein Thema besser zu verstehen.

Erinnerung: Gruppe = PARTY (vgl. S. 14)

Studien, bei denen wir Menschen über ihre Erfahrungen befragen, ergeben regelmäßig: Es macht fast allen Menschen Spaß, über ihr Leben nachzudenken, wenn (und das ist wichtig): wenn wir ihnen **konkrete Fragen stellen.** Sie erinnern sich (S. 24): Fragen dienen als optimale **Abruf-Reize**, und diese „machen", daß uns etwas einfällt. Merke:

> **Je präziser die Fragen, desto mehr fällt uns ein. Dabei gilt: Jede thematisch klar eingegrenzte ABC-Liste ist eine Form des Sich-Befragens, das mit etwas Übung reiche Ausbeute bringen wird!**

Wenn Sie gemeinsam als **Gruppe** spielen, können Sie wie folgt vorgehen:

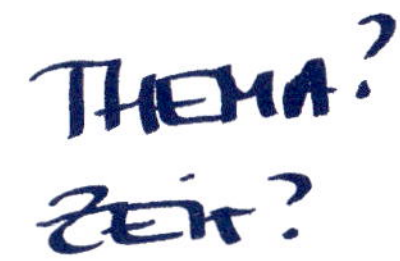

1. Man wählt ein Thema (siehe Beispiele unten).
2. Man wählt eine Zeitspanne zum Schreiben (hier sollte das Minimum bei einigen Minuten liegen, das Maximum kann gern eine halbe Stunde betragen, vor allem, wenn mehrere ältere Menschen mitspielen, sie haben so viel mehr Jahre, in denen sie „suchen" können).
3. Alle schreiben. Dabei muß man nicht unbedingt nebeneinander sitzen, manche Menschen verziehen sich „bei sowas" gerne auf die Fensterbank. Jüngere Menschen liegen gern auf dem Boden (auf dem Bauch). Lassen Sie jede/n machen, was er/sie will. Denken Sie auch daran, daß manche Leute beim Denken gern Musik hören (ohne Gesang ist am besten), während manche Menschen Musik stört. Es wäre also denkbar, daß einige ins Nebenzimmer gehen und dort mit Musik arbeiten wollen ...
4. Die Listen werden verlesen (**langsam**, so daß MitspielerInnen Ideen „klauen" und in ihre eigenen Listen übertragen können).

Einige Beispiele (um den Start zu erleichtern):

- Zu jeder der zehn Kategorien (S. 57) jeweils (mindestens) eine ABC-Liste.
- Eine ABC-Liste mit Namen von Menschen, die Sie einst gekannt haben und noch kennen. (Seien Sie kreativ; wenn Ihnen der Name Ihrer ersten Volksschul-Lehrerin nicht mehr einfällt, tragen Sie die Dame unter „V" als „Volksschul-Lehrerin" ein).
- Ein ABC-Liste mit weiteren Namen, z. B. Ihrer **Lieblings-Autoren** (wenn Sie viel lesen) oder Ihrer **Lieblings-Interpreten** (Musik), **Lieblings-Schauspieler** (Theater, Musical, Film und TV, inkl. Serien) etc.

Weiß man den Namen des Ortes nicht, notiert man einfach die berühmte Sehenswürdigkeit, die man besucht hatte (z. B. Tadsch Mahal, chinesische Mauer etc.).

- Eine ABC-Liste mit Orten, an denen Sie sich einst aufgehalten hatten: Vielgereiste wollen vielleicht **zwei** Listen anlegen: **Eine** mit Orten, an denen man (mindestens zwei Wochen lang) **gelebt** hatte, und eine mit Orten, die man nur **kurz besucht** hatte.
- Eine ABC-Liste mit Jobs, die Sie in Ihrem Leben ausgeführt haben (beruflich wie privat). Da ich seit meinem 15. Lebensjahr immer nebenbei gejobbt und mir in Amerika mein Studium durch Arbeit ermöglicht habe, kann ich allein für meine Lebensjahre 15 bis 25 die verschiedensten Jobs auflisten, z. B. von **Auto-Parkier-Person** (in einem schicken Restaurant) und **Bedienung** über **Labor-Assistentin** (an der Uni) und **Lebensmittelladen-Managerin** und **Lehrerin** bis hin zu **Schaufensterdekorateurin** und **Seminarleiterin** ...
- Eine ABC-Liste mit Tätigkeiten, die Sie in Ihrem Leben (auch privat) ausgeführt haben. Diese Liste dürfte wohl eher Verben enthalten (**lesen, schreiben, recherchieren**).

Denken Sie auch an alltägliche Handlungen. Genaugenommen könnte man mehrere Listen anlegen, mit **Hygiene-Tätigkeiten**: Reinigen des **Körpers** (von **Aufstehen** und **Anziehen** über **Waschen** bis zu **Zähneputzen**), des **Hauses** (Fenster putzen, Einkaufen, Kochen, Backen, Braten), im **Haus** (Geschirr waschen), bis zum **Auto** etc. Eine weitere Liste könnte die **Lebenserhaltung** thematisieren, eine weitere Ihre **Hobbys/ Interessen** (Basteln, Häkeln, Inline-Skating, Scherenschnitte anfertigen, Lesen, Musik hören).

Natürlich könnte man eine **Liste möglicher Listen** anlegen, wenn man gerade einen kreativen Tag hat, damit man **später** auch an weniger kreativen Tagen jederzeit neue Listen anlegen kann, weil die **Liste-möglicher-Listen** uns so viele Listen-Ideen anbietet ... Wichtig:

> **Wir sollten jedes Listen-Thema viele Male angehen (und später unsere Listen miteinander vergleichen), denn wir beginnen in der Regel beim 10. bis 15. Ansatz in ein Thema „eintauchen", und erst nach dem 30. Mal, ansatzweise in die TIEFE des Themas zu gelangen.**

Das hat mit der Art und Weise zu tun, wie unser Gehirn funktioniert. Vgl. mein *Das große Analograffiti-Buch* und *Das innere Archiv* (jeweils unter dem Stichwort „**Couvert**-Techniken").

Wiewohl das **Anlegen** der Listen eine gute Übung an sich ist, kann man mit ABC-Listen vorzüglich **spielen**, das gilt für jedes Thema, also auch für **Listen zu unserem Leben!**

Erinnerungs-Spiele (ABC-Listen zu Ihrem Leben konsultieren)

Sprechdenken: Wir suchen zu einem willkürlich ausgesuchten Begriff (aus einer der vielen ABC-Listen, die bald bei Ihnen herumliegen werden?) einen Begriff heraus und sprechen 60 Sekunden lang nonstop darüber.

Ab Seite 39 ff. finden Sie Rhetorik-Spiele, darunter das berühmte SPRECHDENKEN (siehe Randspalte). Eine Variante hierzu verläuft genauso, nur daß Sie jetzt ABC-Listen zu Ihrem Leben nehmen und über ein Stichwort referieren werden. Auf diese Weise „wecken“ Sie Erinnerungen, die noch blaß und schwach sein mögen, weil Sie darüber sprechen. Da unser Denken assoziativ angelegt ist, bedeutet das: Jeder Satz, den Sie sagen, löst (weitere) Gedanken aus, sowie: Je öfter Sie zum selben Stichwort sprechen, desto mehr Gedanken werden bald auftauchen, sobald das Thema auftaucht.

So kann man auch die Entwicklung von den ersten zögerlichen Bemerkungen zu späteren flotten Mini-Reden miterleben, das alleine kann sehr spannend sein!

Manche meiner Seminar-TeilnehmerInnen möchten solche Spiele zu einem kleinen Trainingslager „ausbauen“, indem sie Stichpunkte, die das Publikum als wichtig erkennt, anstreichen, damit sie in Zukunft vom Spielleiter bewußt wiederholt „angesprungen“ werden.

Anschließend aktivieren Sie **einige** dieser Episoden (wobei Sie auch hier den Zufall entscheiden lassen könnten, welche), indem Sie darüber nachdenken, sprechen, schreiben ... Übrigens können wir durch E-Mails an Mitspieler weitermachen, auch wenn der Spiele-Abend selbst schon lange beendet wurde.

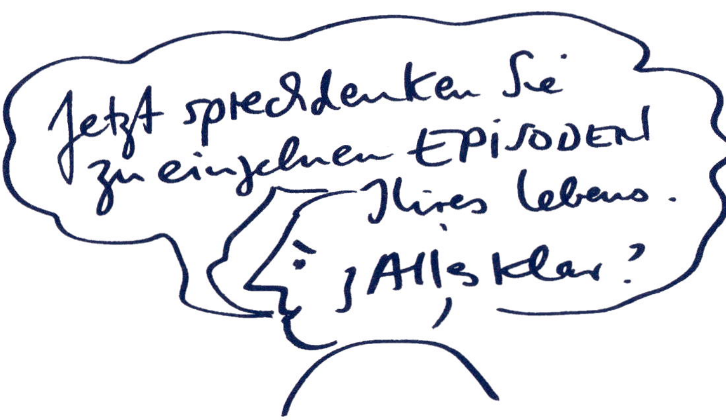

Dies ist Ihr Leben!

EPISODEN-SPIELE

Je leichter es Ihnen fällt, spontan und flüssig und mit Details zu berichten, desto ausgebauter ist der Weg oder gar die **Autobahn zu dieser Erinnerung**. Andernfalls treffen Sie eine Entscheidung, indem Sie sich fragen: Angenommen, ich wäre Alzheimer-gefährdet: Ist dies eine Erinnerung, zu der ich eine vierspurige Autobahn **möchte**, auf daß man sie auch noch erreichen könnte, wenn ein „Baum" über einen Teil des Weges gefallen wäre?

Ihre Antwort ist umso wahrscheinlicher ein JA, je **wichtiger** diese Erinnerung ist. Wenn Sie nicht sicher sind, wie „wichtig" eine Episode für Ihre geistige Fitneß im Alter ist, dann fragen Sie sich: **Hat diese Erinnerung Ihre Persönlichkeit maßgeblich (mit-)geformt, geprägt, beeinflußt?** Wenn Sie das Gefühl haben, daß Sie als Persönlichkeit ohne diese Erinnerung „weniger" wären, dann ist sie wesentlich, weil sie zu Ihrem WESEN beigetragen hat.

Bei allen **wichtigen, WESEN-tlichen Episoden** wollen Sie den **Weg**, der zu ihnen hinführt, ausbauen, indem Sie ihn immer wieder begehen. So wird aus dem Trampelpfad ein Weg, aus dem Weg eine Straße und aus der Straße eine mehrspurige „Autobahn".

Eine ganz wunderbare Form des Spiels ist das Rollenspiel. Wir lieben es, eine neue Rolle auszuprobieren. Bei dem folgenden Rollenspiel lernt man eine Menge über sich und über die MitspielerInnen, wiewohl man oft eine Menge Spaß dabei haben kann!

Hilfestellungen: Befassen Sie sich mit der Epoche! Sprechen Sie möglichst oft mit anderen Zeitzeugen! Blättern Sie in alten Illustrierten (Keller, Stadtbibliothek, Internet) herum, oder finden Sie Leute, die damals ein Tagebuch geführt haben. Sehen Sie sich Filme an, die in jener Zeit **gedreht** wurden, oder Filme, die in jener Zeit **spielen**, bzw. Filme, die Sie **damals gesehen** hatten. Solche Aktivitäten sind extrem hilfreich!

Rollenspiel: Sie sind ein/e ForscherIn (Forscher fasziniert, was sie finden ...)

Spielen Sie Gedächtnis-ForscherIn

Senden Sie Ihren MitspielerInnen gezielte Abruf-Reize, um zu beobachten, was passiert. Natürlich laden Sie diese Menschen ein, mit Ihnen ähnlich vorzugehen; also ein Forschen auf Gegenseitigkeit. Es gibt viele Möglichkeiten, hier nur einige erste Anregungen; weitere ergeben sich erfahrungsgemäß sehr bald ...

Stellen Sie sich vor, Sie seien Wissenschafts-JournalistIn oder ForscherIn, und Sie wollten herausfinden, wie Leute sich an ein erstes Mal erinnern ... Inszenieren Sie ein Interview, gerne auch mit Kassetten- oder Bildaufzeichnung, oder erscheinen Sie mit Schreib-Block ...

Es kann übrigens ein schönes Geschenk sein, einem Interview-Partner später die Notizen (schön geschrieben und vielleicht ein wenig verziert) zu überreichen ... Wenn man eine Reihe von Interviews veranstaltet hat, können solche Notizen (oder Videoaufzeichnungen) für den anderen ein wahrer Schatz werden ...

Das erste Mal ...

Testen Sie verschiedene Vorgehensweisen: Fällt den MitspielerInnen mehr (oder schneller etwas) ein, wenn Sie sofort (ohne Vorbereitung) nach dem **ersten Erlebnis einer besonderen Art** fragen (z. B. Erinnerst du dich noch an deinen ersten Kuß?). Oder fällt den MitspielerInnen **mehr** ein, wenn Sie **das Thema** vorher **in den Raum stellen**, z. B. durch eine „beiläufige" Bemerkung (wie: „Mensch, das war vielleicht eine Kußszene in dem Spielfilm gestern abend ...") und erst danach nach dem ersten Erlebnis hierzu (im Fallbeispiel also: Kuß) fragen. Praxiserprobte Fragen nach dem ersten Mal sind z. B.:

- der erste Kuß
- der erste Schultag
- die erste Tanzstunde
- das erste Mal, als man ein bestimmtes Gericht (z. B. Austern) gegessen hat (gerade Nahrungsmittel, die man eher als Erwachsener schätzt, können spannende Erlebnisse wieder zum „Leben" erwecken)
- der erste Roman
- der erste Film
- die erste eigene Wohnung (auch wenn es nur ein gemietetes Zimmer war)
- die erste Reise alleine
- die erste „große Krise" im Leben

Wenn Sie die Sache einigermaßen realistisch angehen wollen, dann können Sie weitere „wissenschaftliche" Tests „fahren", z. B. können Sie **testen, welch unterschiedliche Auswirkungen bestimmte Fragetypen** auf Ihre MitspielerInnen (Pardon: auf Ihre Versuchspersonen) **haben.** Zum Beispiel:

- **WANN** (passierte dies und jenes) in deinem Leben? Oder:
- **Weißt du noch, als …?** (… du damals zu rauchen begonnen hast?) oder:
- **Weißt du noch, warum …?** (… du damals zu rauchen begonnen hast?)
- **An wie viele** (z. B. Leute aus deinen Schulklassen) **könntest du dich ohne Hilfsmittel wie Fotos noch erinnern?** (Namen, Gesichter, Begebenheiten …?)

Für die MitspielerInnen in ihren Rollen als „Versuchskaninchen" gilt: **Reagieren Sie auf möglichst viele Fragen (im Sinne eines Abruf-Reizes) so ausführlich wie möglich.** Machen Sie selbst auch Notizen (oder lassen Sie ein Diktiergerät mitlaufen), wenn Sie **später** noch einmal hören und **weitere Assoziationen**

suchen wollen. Man kann jedes „Interview" hinterher **mehrmals** „nachbearbeiten".

Diese Nachbearbeitungen brauchen keine Zeit aus Ihrem wertvollen Zeit-Budget zu kosten. Man kann über einzelne Fragen, die das Interview aufwarf, **einzeln** nachdenken, jeweils einen Tag lang (als **Tagesmotto** oder **Tagesthema**), und zwar „zwischendurch" oder „nebenbei", wenn es sich anbietet. Von der roten Ampel über das Warten, bis der Drucker anspringt (bei unserem neuen Farblaser sind das 2 bis 3 Minuten!) bis zu den üblichen **Sparschweinchen-Zeiten** (Spazieren- oder Gassigehen, unter der Dusche, beim Gemüseputzen, etc. etc.)

Als **Sparschweinchen-Zeiten** bezeichne ich Zeiten, die bereits „verbraten" werden, wenn wir im Stau stehen, bügeln, Auto polieren etc. Wir sind bereits „beschäftigt", aber bei manchen Tätigkeiten haben wir genügend „Zeit" (genauer: Energien) übrig, um nachzudenken (z. B. eine ABC-Liste aufzubauen). Deshalb nenne ich das **Sparschweinchen-Zeiten.**

Seien Sie sich bewußt, daß Sie bald Trainings-Effekte der Spiele in den Alltag hinüberziehen, bald wird vieles für Sie als Abruf-Reiz fungieren, **wenn Sie es zulassen.** Und lernen Sie, „tote" Zeiten (Zeiten, die Sie früher „totgeschlagen" hätten) aktiv für Anti-Altersheimer-Maßnahmen zu nutzen. Zum Beispiel: Schalten Sie beim Sehen einer Sendung im Privat-Fernsehen in der Werbepause sofort Ihren (auf 8 Minuten voreingestellten Timer) ein und wählen Sie eine dieser Variations-Möglichkeiten. **Schreiben oder reden Sie** ...

- **Schreiben Sie non-stop,** was Ihnen in den Sinn kommt, auch wenn es anscheinend gar nichts mit dem Geschehen zu tun zu haben **scheint.** Bei dieser **Schreib-Übung** ist Rechtschreibung, Grammatik etc. völlig unerheblich (Sie brauchen es ja niemandem zu zeigen), es dürfen auch Halbsätze oder Telegrammstil sein, **aber Sie müssen non-stop schreiben,** bis der Timer das Ende der 8 Minuten anzeigt. Oft dauern die Werbepausen bis zu 10 Minuten (ich habe auch schon 12 gezählt!), so daß man am Ende leicht noch einen Gedanken beenden kann.

Die Spielregel, non-stop zu schreiben, ist extrem wichtig. Falls Ihnen nichts einfällt, schreiben Sie so lange „jetzt fällt mir nichts ein", bis wieder Gedanken fließen. Das brauchen Sie nicht oft/lange zu schreiben, wenn Sie die Übung einige Male durchgeführt haben.

Sie werden bald feststellen, daß Sie diesen Schreibfluß ein wenig lenken können (ähnlich wie manche Leute in ihren Träumen Regie führen können), nur daß dies beim Schreiben viel leichter ist. Wenn Sie sich vornehmen, solche Übungen als Möglichkeit zu nutzen, an vergangene Erlebnisse zu denken, dann wird dies auch bald geschehen! So wird eine echte Anti-Altersheimer-Übung daraus.

Sind Sie jedoch nicht alleine (oder wenn andere Anwesende keine Lust haben, die Schreib-Aufgabe durchzuführen), dann gehen Sie zur Konversations-Variante über:

- **Führen Sie mit Anwesenden Mini-Gespräche**, aber lassen Sie das zuletzt Gesehene und Gehörte die Themen bzw. Fragen, die Sie sich gegenseitig stellen werden, bestimmen.

Beispiel: Angenommen, im Film hat jemand (wie „J. R. Ewing") gerade einen Menschen übervorteilt, dann könnten wir uns fragen, **ob wir uns an ähnliche Vorkommnisse aus unserem Leben erinnern können.** Waren Familienangehörige, Freunde, Nachbarn etc. einmal betroffen, weil jemand sie übervorteilt hatte? Haben wir selbst (Nein – wir doch nicht!) einmal jemanden übervorteilt (oder es zumindest versucht) und falls ja, was haben wir daraus gelernt?

Sie sehen, wenn wir uns regelmäßig mit unserer Vergangenheit befassen, erreichen wir bald, daß wir ähnlich oft an unsere Vergangenheit denken wie die Leute früher, vor dem allgegenwärtigen Fernsehen, als wir noch weniger Alzheimer u. ä. hatten. Nicht weil die Leute jünger starben, sondern wir hatten damals PROPORTIONAL weniger. Forscher heute sind überzeugt, daß es damit zu tun hatte, daß man regelmäßig in Erinnerungen

„kramte" – nun, das können wir trotz Fernseh-Verhalten auch wieder lernen. Und bei den Vorschlägen hier brauchen Sie so gut wie keine „eigene" Zeit zu investieren, nur Sparschweinchen-Zeit. Ist das ein Angebot?

Foto-Vergleich I (Episoden-Spiele: Vorbereitung)

Vor einigen Jahren las ich in einem Leserbrief einen Gedanken, der mich seither nicht losgelassen hat: Eine Frau fragte sich, was sie und ihre Mutter wohl verbunden haben mag, als beide 10 Jahre alt waren. Im Laufe der Jahre entwickelte ich aus dieser Frage ein weiteres Lebens-Spiel, das ich hier erstmals publiziere.

Da es heutzutage ein Leichtes ist, Fotos einzuscannen (oder digital abzufotografieren), können wir Kopien von Gruppenfotos so bearbeiten, daß wir jedesmal eine der Personen markieren und ihr Alter aufs Foto „schreiben".

Vorbereitung: Wir versammeln möglichst viele Fotos von uns, Familienangehörigen und Freunden der Familie. Diese sortieren wir nun nach dem Alter, das die einzelnen (vermutlich) damals hatten.

Nun legen wir parallel einige Fotos in zwei Reihen, die jeweilige Lebenslinien repräsentieren. Das könnten zum Beispiel Fotos aus dem eigenen Leben sein sowie die eines Elternteils daneben.

Nehmen wir an, wir haben je ein Foto von uns und unserer Mutter (unserem Vater) als Zehnjährige. Dann können wir uns fragen, was wir in jenem Alter jeweils erlebt hatten, z. B.: Als ich zehn war, waren wir ein halbes Jahr vorher nach Erlangen gezogen. Meine Eltern hatten Waisenkinder aufgenommen, so daß wir die nächsten Jahre eine 5-köpfige Familie waren. Als meine Mutter 10 Jahre alt war, lebte sie in Polen bei ihrer Großmutter, während ihre Mutter in Rumänien als Gouvernante von Diplomatenkindern Geld verdiente, das sie an ihre Mutter schickte, für sie und meine Mutter ...

Oder ich vergleiche meine Mutter und mich im Alter von 20: Sie war damals bei der Lufthansa als Prüferin (damals wurden die Daten dem Computer mittels HOLLERITH-Lochkarten übergeben, meine Mutter prüfte Karten, die andere gelocht hatten). Es kostete damals weit weniger, wenn Menschen die Arbeit der Eingabe überprüften, als den Computer vorzeitig „laufen“ zu lassen – heute kaum vorstellbar. Jedenfalls hatte meine Mutter einen bahnbrechend neuen Job gelernt und sich alleine nach München aufgemacht, weil die Lufthansa sie damals in Riem „stationierte“ (die Sprache war noch stark vom Krieg gefärbt). Ich war mit 19 allein in die USA gegangen und begann dort mit dem Studium (das Recht dazu hatte ich mir durch eine Eingangsprüfung erworben, auf die ich mich autodidaktisch vorbereitet hatte). Also hatten wir beide in diesem Alter eine ganz schöne Leistung vorzuweisen ...

Foto-Vergleich II (Episoden-Spiele: Wir reden miteinander)

Variante: 1967

Hier können Los-Verfahren eingesetzt werden …

Oder man kann einen Vergleich anstreben, indem man ein festes Jahr vorgibt und dann berichten alle der Reihe nach, welche ihrer Foto-Personen sich in jenem Jahr wo befanden und was sie so getan haben (z. B. beruflich) bzw. wen sie damals kennengelernt haben etc.

Psycho-Bonus

Ganz abgesehen davon, daß solche Spiele beste Anti-Altersheimer-Prophylaxe darstellen, sind solche Gespräche, die sich um uns, unsere Leute, unsere Geschichte handeln, auch sehr wichtig für uns. Jede Familie, jeder Stamm, jede Gemeinschaft führte früher solche Gespräche. So sprach man abends beim Feuer über den Tag (Heute haben wir das weiße Wildpferd wieder gesehen …). Im Abstand von mehreren Tagen sprach man über Ereignisse der letzten Tage und bei Festen über die Storys unseres Stammes (Als der Hirte damals den Bären vertrieb …). Solche Begebenheiten schaffen unsere persönliche Geschichte und diese wiederum uns, unser Leben.

Vgl. Sam KEEN und John KOTRE (siehe Anhang, Literatur, S. 110).

Wir modernen Menschen wissen oft gar nicht, was uns gefehlt hat, bis wir mit solchen Spielen beginnen. Sie fallen unter die Kategorie der KONVERSATIONS-SPIELE (die man heute kaum noch kennt), bei denen im Grunde „nur geredet" wird und sich alle trotzdem pudelwohl fühlen.

Sahne auf dem Kuchen?

Bei weiterführenden Gesprächen können faszinierende Gespräche entstehen, die durch das Spiel angeregt wurden. So entstand einmal ein Erfahrungs-Austausch, nachdem eine Gruppe sich gegenseitig über das eigene Alter von 17 berichtet hatte, was sie als Teenager erlebten und was ihre Eltern mit 17 wohl erlebt hatten. Zum Beispiel sagte ein Mann:

> Mein Vater mußte mit 17 noch in den Krieg, es waren die letzten Tage, als man noch ganze Kinderarmeen aufstellte. Gottseidank erlitt er am 10. Tag einen Lungensteckschuß und landete im Lazarett, dann war der Krieg eh vorbei. Meine Mutter war bei sogenannten armen Verwandten auf dem Land untergekrochen; jetzt war man froh um diese Verwandten, das kann ich euch sagen. Sie hat mir erzählt, wie sehr sich ihre Einstellungen damals änderten! Reinste Umerziehung sozusagen.
> Ich selbst habe in diesem Alter nicht nur in der Schule ziemlich viel Mist gebaut und wußte das tolle Leben, das ich hatte, überhaupt nicht zu schätzen ...

Bei dem allgemeinen Gespräch hinterher begannen einige ältere Anwesende sich darüber auszutauschen, wie sie als Eltern dieses schwierige Alter ihrer Kinder erlebt hatten. Sie klagten z. B. darüber, wie schlimm es manchmal war, wenn die jungen Leute abends/nachts von einem Tanzfest oder einer Party **nicht pünktlich** nach Hause kamen. Die einen Eltern plädierten für Aufbleiben, Wachbleiben und sich womöglich den ganzen Abend verderben (weil man ab spätestens 22 Uhr keine ruhige Minute mehr hat). Ein anderes Elternpaar meinte, irgendwann müßten Eltern lernen, den jungen Leuten Freiraum zu gewähren, sie würden also normal ins Bett gehen. Aber ein drittes Elternpaar hatte eine brillante Lösung anzubieten; sie schrieben (in etwa):

> Also, wir machen es ganz anders. Wir einigen uns mit den jungen Leuten auf eine Zeit, zu der sie nach Hause kommen sollen, sagen wir mal Mitternacht. Dann stellen wir einen großen alten Wecker auf diese Zeit (plus 15 Minuten) und diesen Wekker ins Treppenhaus. Er scheppert so laut, daß man es garantiert im ganzen Haus hört. Wenn die jungen Leute rechtzeitig heimkommen, dann können sie das Klingeln verhindern. Aber natürlich nur, wenn ... Wenn nicht, dann sitzen wir nach dem Läuten in Pyjama und Nachthemd neben dem Wecker und warten auf sie. Mit dieser Technik verbringen wir die meisten

> Abende, an denen unsere jungen Leute weggehen, in großem Frieden, aber ein- oder zweimal im Jahr, wenn doch was passiert, sind wir wach. Das heißt, daß sie uns anrufen können, wenn was wäre, und wir das Telefon auch hören (normalerweise stellen wir nachts auf AB um) ...

Dann meinte jemand, heute mit AB und Fax und diesen short messages via Handy etc. sei es doch einigermaßen leicht für Kinder, nach Hause zu signalisieren, daß sie sich verspäten, woraufhin man feststellte, daß junge Leute zwar wie wild mit ihren AltersgenossInnen kommunizierten, aber nach wie vor regelmäßig vergäßen, die Alten zu benachrichtigen ...

Solche Gespräche sind gerade für Einzelkinder und Alleinstehende sehr hilfreich. Früher lebte man im Clan, in der Großfamilie (eigentlich eine WG) und in „normalen" Familien von 4 bis 7 Personen (oft plus 1 bis 3 Personen Personal!). Man stand in engem Kontakt mit Nachbarn und Freunden und man sah, wie andere leben. Wie andere ihre Probleme lösen, welche Tricks andere sich ausdenken, um Alltagsprobleme in den Griff zu bekommen etc.

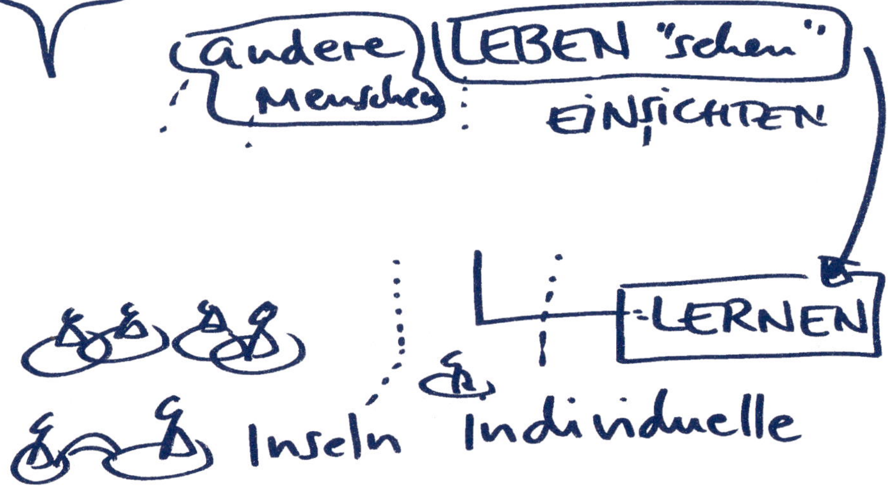

Modul 5 – Quiz-Spiele
(Quiz: Spielen mit Wissens-Fäden)

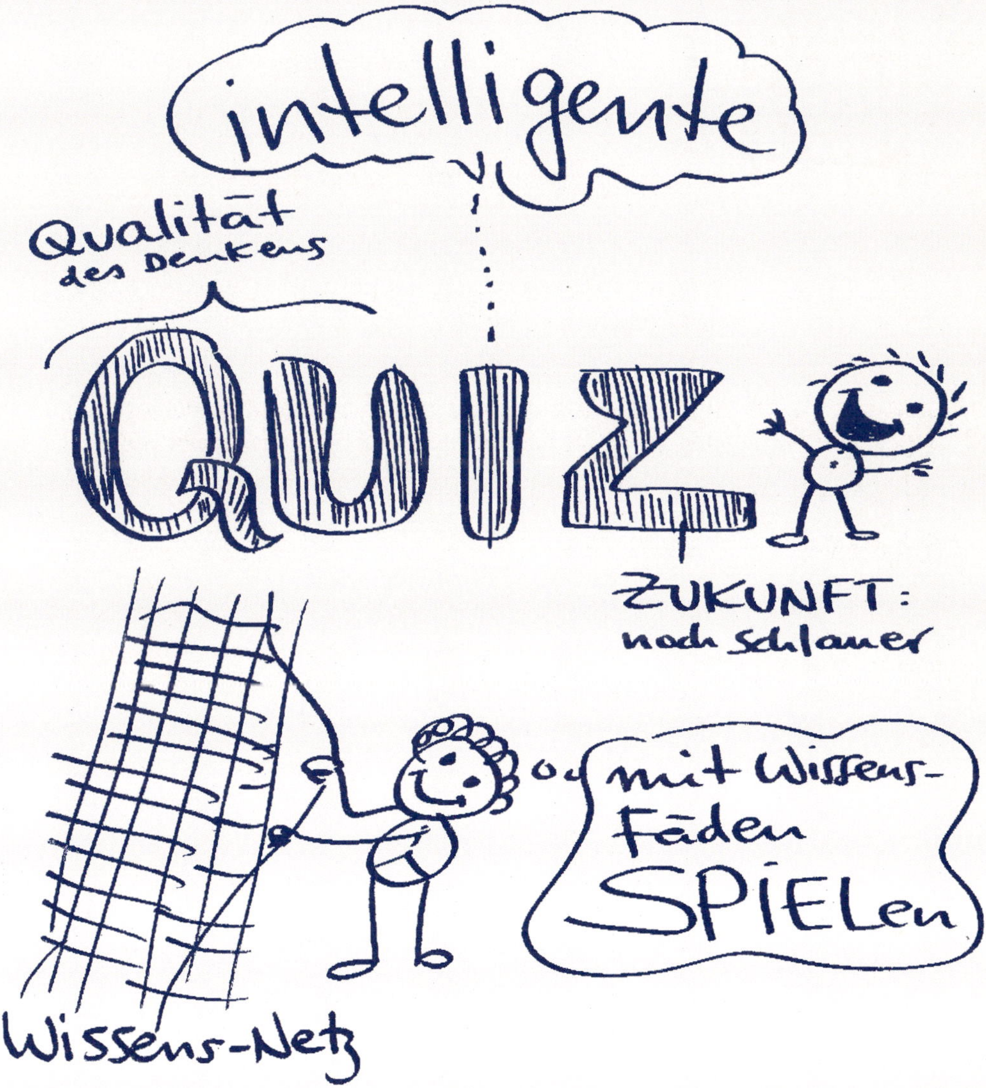

Jedes normale Quiz erlaubt uns, mit den „Fäden“ in unserem Wissens-Netz zu spielen. Dies stellt ein hervorragendes Training dar, um Wissen zu integrieren bzw. vorhandenes Wissen zu aktivieren. Deshalb erleben die meisten von uns angenehme Gefühle, wenn wir bei einem Quiz mitraten bzw. selbst dann, wenn wir nur beobachten, wie andere versuchen, die Fragen zu beantworten. Diesen Mechanismus können wir nicht nur beim Fernsehen ausnutzen, auch in größeren Gesellschaften bietet sich uns die Möglichkeit, daß einige Personen „Quiz spielen“ und der Rest zuschaut (noch eine Erdnuß gefällig?).

Die meisten Quizfragen laden uns ein, entweder eine einfache Ja-/Nein-Entscheidung zu fällen (z. B. indem wir eine Info als „richtig“ oder „falsch“ einstufen), oder man bietet uns Antworten an, aus denen wir uns eine heraussuchen sollen (sogenannte multiple choice = Mehrfachwahl).

Deshalb sollte man ruhig mit Gruppen, die bis jetzt vor allem im Fernsehen **zusahen** (statt selbst **zu raten**) vorsichtshalber mit „Junior-Quiz-Aufgaben“ (für junge Leute) beginnen. Solange Sie nicht verraten, daß es sich um Aufgaben für Jugendliche handelt, können Erwachsene genau so viel Spaß und Erfolgs-Gefühle erleben wie die eigentliche „Zielgruppe“.

Um einen schönen Quiz-Ablauf zu garantieren, sollte sich jemand für den Erfolg aller verantwortlich zeigen, indem er oder sie die Fragen **vorab** vorbereitet bzw., wenn man ein Quizfragen-Buch verwendet, indem die SpielleiterInnen das Material vorab durchlesen, um zu entscheiden, welche Fragen für **diese** Gruppe vielleicht ungeeignet sind. Können nämlich zu viele Fragen von den SpielerInnen nicht beantwortet werden, dann ist der Spaß schnell dahin. Beginnen wir mit einem einfachen Quiz.

Quiz-Spiel: Richtig oder falsch?

Diese Quiz-Art spielt mit Fragen, die mit „richtig“ oder „falsch“ beantwortet werden können. Neben „fertigen Quizfragen“ bietet es sich an, selber Fragen zu kreieren, insbesondere solche, die für Ihre geplante Spiel-Gruppe (= Party) geeignet sind. Man nehme ein „schlaues“ Buch (z. B. ein Lexikon) und wähle Infos von Interesse, die man in **Richtig-/Falsch-Fragen umformuliert**. Dabei kann eine (Jahres-)Zahl genauso gut zur Frage „gemacht“ werden, wie ein Name (oder eine Tatsache), z. B.

1. Die Alpenstraße über den St. Gotthard wurde 1830 eröffnet ... (falsch; sie wurde 1830 für den Reiseverkehr ausgebaut)
2. Quiz-Spiele wurden in Frankreich erfunden ... (falsch; in Amerika)

Exkurs: Informations-Flut? (Gefahren oder Chancen der Info-Gesellschaft)

Das Industrie-Zeitalter ist unwiderruflich vorbei, wir sind in die Ära eingetreten, die von Informationen „lebt“. Mit dieser neuen Ära entstand allerdings auch eine interessante, ja fast schon schizophrene Haltung:

Einerseits befürchten viele Leute, von der **Info-Flut** überflutet zu werden, andererseits klagen viele darüber, daß man immer weniger **„echte“ Informationen** erhält. Was stimmt denn nun?

Erhalten wir falsche (leere) Infos, in denen wir zu ertrinken drohen? Oder erhalten wir zu viel Info-Müll, der unsere Systeme verstopft?

Antwort: Beides! Wie Neil POSTMAN (in *Wir amüsieren uns zu Tode*) schon vor vielen Jahren festgestellt hat, lassen wir uns von Pseudo-Informationen, die null Informations-WERT für uns haben, ins Bockshorn jagen. Er weist darauf hin, daß mit der

Im Seminar verweise ich gerne auf die alte Scherzfrage, warum ein gesunder Fisch im Wasser nicht ertrinkt. Antwort: Weil er Kiemen hat – so filtert er aus der Flut das heraus, was für ihn wesentlich ist, den Rest läßt er „draußen“. Genau dasselbe müssen wir lernen, wenn wir in der Info-Flut „schwimmen“ ...

Technologie des Morsens erstmalig Infos über große Distanzen hinweg so schnell weitergegeben wurden, daß die Aktualität dem Adressaten ein Gefühl von „Aktualität" im Sinne von „wichtig" gibt und daß dies mit dem Fernsehen noch viel ausgeprägter wurde. Wenn Sie in den Nachrichten eine brennende Lagerhalle sehen, dann leben Sie unter der falschen Vorstellung, diese „Nachricht" sei aktuell und daher wichtig, wenn dies in der Tat nicht der Fall ist. Im Gegenteil! POSTMAN stellt etwas trocken fest: Diese brennende Lagerhalle hätte **nur dann** einen echten Informations-Wert für Sie, wenn es Ihre eigene wäre, und dann erfahren Sie es auch ohne die Nachrichtensendung!

Im Klartext: Die meisten Nachrichten sind keine!

Viele gehen nach dem Experiment nicht mehr zum normalen Sehen zurück, weil sie die Zeit-Ersparnis nicht mehr missen wollen!

Deshalb empfehle ich meinen Seminar-TeilnehmerInnen seit Jahren, einige Wochen lang Nachrichten nur von Video zu sehen (also eine halbe Stunde später, zeitversetzt).

Durch diese Taktik lernen wir bald, wesentliche Infos von Unwesentlichen zu **unterscheiden** (wir kommen gleich auf diesen Begriff zurück). Wenn wir die brennende Lagerhalle sehen, fahren wir mit FF (fast forward) schnell nach „vorne", bis wir sehen, daß die nächste Meldung (bzw. Pseudo-Meldung) beginnt. Nun lassen wir die FF-Taste los und schauen: Handelt es sich um eine weitere Pseudo-Info, z. B. ein Unglück (ob Auto-, Flugzeug- oder Bahnunglück, ist völlig egal), ein Unwetter, eine Entführung (oder andere kriminelle Handlungen) etc.? Eingangs fällt es schwer zu begreifen, daß diese Informationen unwesentlich sind, deshalb möchte ich Ihnen eine unglaublich hilfreiche Definition für „wesentlich" anbieten:

Von Winfried d'AVIS: *Der informierte Mensch.*

Eine WESEN-tliche Information sagt uns etwas über das WESEN der Sache, von der sie „spricht".

Wenn wir lediglich den 768. Auto-Unfall sehen, dann ist die „Nachricht“ so lange unwesentlich, wie wir nichts Neues über Auto-Unfälle erfahren, das für uns WESEN-tlich ist. Die Tatsache, DASS wieder mal jemand gegen ein Leitplanke gerast war und in die Fahrbahn geschleudert wurde, ist nicht WESEN-tlich; ebensowenig ist es die Tatsache, DASS ein weiterer Zug aus den Gleisen geriet oder DASS ein Flugzeug abgestürzt ist. Auch nützt Ihnen die Tatsache, daß bei Nebel wieder mal Leute zu schnell fuhren, nichts, es sagt ihnen nichts über das WESEN des zu schnellen Fahrens bei miesen Sichtverhältnissen. Erfahren Sie hingegen, daß unser menschliches Wahrnehmungs-System so eingerichtet ist, daß es Kontrast-Armut mit „Langsamkeit“ gleichsetzt und daß die Leute eben deshalb bei Nebel zu rasen beginnen, wobei sie ihr Tempo für weit langsamer halten, als es ist, dann haben wir etwas WESEN-tliches erfahren. Nun kann man überlegen, wie man intelligent gegensteuert, damit man selbst dieser Täuschung nicht jedesmal wieder zum Opfer fällt. Aber brennende Autos, Flugzeugwrackteile oder Lagerhallen selbst informieren uns nicht!

Ähnlich ist es, wenn wir einfache Quiz-Aufgaben lösen. Es ist ein Spiel, es macht Freude, nichts ist dagegen einzuwenden – aber es ist genauso oberflächlich wie ein „Bericht“ über brennende Lagerhallen. Das Jahr, in dem der St. Gotthard erstmals eröffnet wurde, ist genauso wenig wesentlich wie 80 % der Infos, die man in der Schule lernen muß. Von Namen unbekannter Könige mit den Jahreszahlen, wann sie geboren wurden, wann sie starben, wann sie welche Schlacht gewannen oder verloren – all das enthält nichts über das WESEN eines Monarchen, erzählt uns nichts von seinen Problemen, von den Entscheidungen, die er treffen muß. Ebenso „sagt“ uns die Tatsache, daß Quiz-Spiele in Amerika erfunden wurden, nichts WESEN-tliches, deshalb sollten wir unterscheiden zwischen nackten DATEN und „echten“ Informationen, die uns etwas WESEN-tliches „sagen“ können.

Wenn wir die Nachrichten (und gerne auch andere Sendungen) von Video sehen und selbst Regie führen können, dann lernen wir sehr bald zu unterscheiden: Welche „Neuigkeiten" sind in Wirklichkeit lediglich nackte DATEN, die unser Gehirn genaugenommen überhaupt nicht verarbeiten (begreifen und merken) kann, weil ihnen der SINN (die Bedeutung) fehlt! Und welche „Neuigkeiten" enthalten WESEN-tliches? Da wir das Band jederzeit stoppen und in Zeitlupe überlegen können, lernen wir bald, diese Entscheidung immer sicherer zu treffen und nach einigen Wochen können wir es fast schon vollautomatisch.

Wer auf den Geschmack gekommen ist, möchte vielleicht seine Quiz-Spiele ebenfalls ein wenig mit mehr Bedeutung „anreichern", darum soll es uns bei der folgenden Variante gehen:

Intelligentere Quiz-Spiele (Quiz-Spiele, die mehr bieten als nackte Daten!)

Das absolute Minimum wäre, daß man nicht nur „nackte DATEN" (die sogenannte richtige Antwort) sucht, sondern darüber hinaus ein wenig echte Information, etwas mehr als nur einen „nackten Faden". Durch dieses „Mehr" kann die Info besser eingebunden werden ins Wissens-Netz, denn wir wissen inzwischen, daß wir keine isolierten Info-Bits behalten können.

Neben meinen Büchern zu diesem Thema (insbesondere *Stroh im Kopf?* und *Das innere Archiv*) möchte ich Ihnen besonders empfehlen, hierzu die bahnbrechenden Studien von Ellen J. LANGER (Harvard) zu lesen. Auf Deutsch gibt es von ihr *Kleine Anleitung zum Klugsein.*

Das Minimum wäre also, nach den richtigen Antworten noch ein wenig hinzuzufügen, z. B.:

1. Die Alpenstraße über den St. Gotthard wurde 1830 eröffnet … (falsch; sie wurde 1830 für den Reiseverkehr ausgebaut)

ZUSATZINFO:

Eröffnet wurde der St. Gotthard bereits Anfang des 13. Jahrhunderts, er verbindet seither Zürich mit Bellinzona und Mailand. Der Straßentunnel von 16,9 km (auf einer Höhe von 1150 m ü. d. M.) wurde erst 1980 fertiggestellt. Seither rollt die Blechlawine: Immer mehr Lustreisende fahren nun „einfach mal rüber", unabhängig von einer echten Notwendigkeit: ein Luxus, den wir uns nicht mehr unbegrenzt leisten können, insbesondere wenn eine Erdnuß von der Küste nach Süd-Europa transportiert wird, um dort billig aus der Schale geholt und gewaschen zu werden, damit man sie in Mittel-Europa weiterverarbeitet und letztlich zur Küste zurückbringt.

2. Quiz-Spiele wurden in Frankreich erfunden …
   (falsch; in Amerika)

ZUSATZINFO:
Schon in früheren Jahrhunderten vergnügte man sich an geselligen Abenden (oft auch beim Handarbeiten) damit, mit Wissen zu spielen. Dies läßt darauf schließen, daß das Fragen und Antworten einem tiefen menschlichen Bedürfnis entspricht, das wir schon bei Kindern beobachten können. Sie haben genauso viel Freude daran, Fragen zu beantworten wie Fragen zu stellen. Dieser Trend deutet darauf hin, daß Frage- und Antwort-Spiele eine gehirn-gerechte Art darstellt, vorhandenes Wissen zu festigen sowie älteres Wissen regelmäßig zu aktivieren! Bis in die sechziger Jahre des 20. Jahrhunderts nannte man sie „hüben und drüben" noch „Frag-mich-Spiele" (Ask me-Games); dann kam der Begriff „Quiz" (in Amerika) auf, der alsbald in Europa übernommen wurde. Seit den Giga-Quiz-Sendungen im Fernsehen (z. B. dem Millionen-Quiz) hat sich dieser Begriff weltweit verbreitet, das Millionen-Spiel läuft in Europa, Amerika und der arabischen Welt mit gleichem Erfolg …

mit … Spielen? JA!!

Aber, nehmen wir an, Sie wollen einen großen Quiz-Abend veranstalten (ein wenig wie die Millionärs-Quiz-Spiele im Fernsehen), dann könnten Sie meinen Traum, wie ein Quiz weit intelligenter und ergiebiger werden könnte, nachspielen:

Mein Traum: Ein intelligentes Millionärs-Quiz (Das Quiz-Spiel, das es in sich hat!)

Die Regeln stelle ich mir in etwa wie folgt vor:

1. **Nachdem die Frage gestellt wurde, wartet man,** bis der Kandidat entweder antworten möchte oder aber die Auswahl-Antworten (multiple choice) anfordert.

Mein Rat: Schneiden Sie möglichst viele Quiz-Sendungen mit, denn eines Tages könnte der Quiz-Boom wieder aufhören, und dann haben Sie genügend Vorrat auf Band, um viele schöne Quiz-Nachmittage und -Abende zu Hause zu veranstalten.

2. **Wer ohne diese Denk-Hilfe** (die statt aktiven Wissens nur passives Erkennen-Können bzw. gutes Raten erfordert) **antwortet**, erhält Extra-PUNKTE. Punkte, mit denen man sich weitere Joker durch Leistung „erarbeiten" kann!
3. **Wer 3 Fragen „lang" ohne Joker durchkommt**, erhält einen Bonuspunkt pro Runde, so daß selbst SpielerInnen, die stets von dem Multiple-choice-Angeboten Gebrauch machen, den einen oder anderen Extra-Joker „erarbeiten" können.
4. **Wer nach dem Raten**, wenn die richtige Lösung im Raum steht, **etwas in die Tiefe** (oder zumindest in die Breite) **Gehendes** über die Frage (bzw. die Lösung) **beisteuern** kann, erhält **ebenfalls** Bonuspunkte.

Dies kann natürlich auch jemand im Publikum sein. Daher gibt es eine zusätzliche Regel:

ZuhörerInnen dürfen ihre Bonuspunkte jedoch auch an andere Spieler verschenken, wenn sie wollen.

5. **ZuhörerInnen im Publikum dürfen ihre Bonuspunkte behalten und für spätere Spiele aufsparen** (um sie einzusetzen, wenn sie demnächst selbst als Kandidat agieren; so könnte jemand viele Bonuspunkte ansparen, ehe er/sie den „heißen Stuhl" einnimmt!). Deshalb bietet es sich an, für Bonuspunkte kleine „Punkte" zu benutzen (von Floh-Hupferl-Plastikscheiben bis Spielgeld), damit die MitspielerInnen sie auch sammeln oder sparen können.

Mit dieser Variante kann man unglaublich viel extra Spannung erzeugen.

Variante: TV-Quiz (MITSPIELEN – aber anders!!)

Für diese Variante benötigen Sie Video-Aufzeichnungen von Quiz-Sendungen.

Nun können Sie das bereits Gesagte ausprobieren. Gruppieren Sie alle so, daß jeder den Bildschirm gut sehen kann. Eine gute Idee könnte es bei größeren Gruppen auch sein, das Video-Bild auf eine Leinwand zu beamen – das garantiert, daß jeder die Schrift gut lesen kann! Außerdem ist es notwendig, daß eine Person die Rolle des „Technikers" übernimmt, jemand mit guten Reflexen, weil er das Band zwischen Frage und dem Erscheinen der vorgegebenen Antworten STOPPEN muß. Bei den meisten Geräten ist das Drücken der Pause-Taste optimal, so verlieren Sie so gut wie nichts, wenn Sie wieder „laufen" lassen. Nun wählen Sie eine/n SpielerIn oder ein Team von Kandidaten aus, die raten werden.

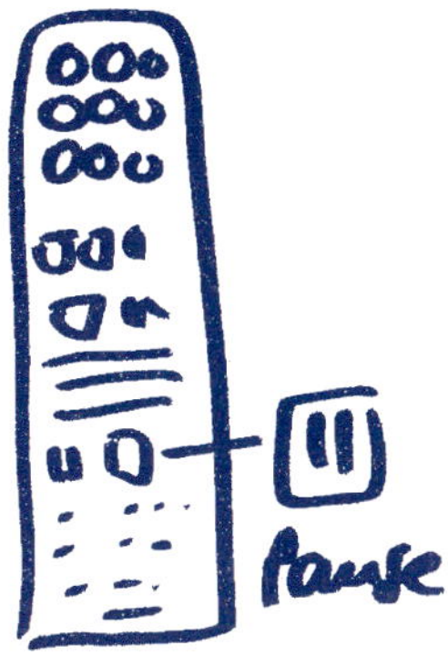

Lassen Sie den **Quizmaster im Fernsehen** die erste Frage stellen, und nun drückt der/die „Techniker/in" sofort auf PAUSE. Das gibt dem (oder einem der) Kandidaten die Chance zu sagen, er/sie möchte die Frage ohne die Hinweise der Multiple-choice-Auswahl beantworten. Nun können Sie wie oben beschrieben spielen – mit oder ohne „intelligentes" Weiterführen der jeweiligen Frage ...

Sie können auch mehrere Kandidaten antreten lassen (mit einem Buzzer oder einer Glocke), damit sie sich das „Recht" zu antworten erwerben können.

Variante: Lern-Quiz (Lernen – aber anders, nämlich mit viel Spaß an der Freud')

1. Wir spielen mit **neuem** Wissen, um es **durch** das Quiz-Spiel zu verfestigen (vgl. Stadt-Land-Fluß-Effekt©, S. 22; auch hier lernt man durch das Spiel selbst).
2. Wir **erstellen ein Quiz** für uns oder andere SpielerInnen (später), denn das Formulieren der Fragen ist mindestens genauso hilfreich für den eigentlichen Lern-Prozeß wie das Spielen mit den Fragen.

Man könnte die Fragen auf Kärtchen schreiben, die Lösungen auf die Rückseite. Dies ermöglicht es uns auch, den Lernkartei-Effekt für uns zu nutzen (vgl. Randspalte).

Vgl. Sebastian LEITNER: *So lernt man lernen.* Hier wurde das Karteikasten-Lernen meines Wissens erstmals sehr genau beschrieben (vor über einer Generation!)

3. **Wir spielen unsere eigenen Quiz-Aufgaben** so oft wie nötig. Also kommen Fragen, die mehr Probleme bereiten, öfter vor als solche, die besonders leicht scheinen (wobei beim Lern-Quiz auch „leichte“ Fragen mehrmals auftauchen müssen, denn einige Wiederholungen streben wir trotzdem an) …

PS. Die Pfänder-Verbindung

Auf S. 51 sprachen wir vom Auslösen der Pfänder.

Neulich schlug ein Seminar-Teilnehmer vor, man könne das **Pfand-Auslösen** mit dem **Beantworten von Wissens-Fragen** verbinden, bei denen man Bonuspunkte sammeln könne. Somit würden Pfand-Auslöse-Punkte ein schönes „Guthaben“ für eine echte INTELLIGENTE Millionärs-Quiz-Runde bieten, insbesondere für Zeitgenossen, die sich vom Wissen her nicht so sicher fühlen, gleich beim großen Quiz mitzumachen.

Hier sehen wir großartige Möglichkeiten, **Strategie** mit **Wissen** zu kombinieren und daher trotzdem mitspielen zu können. Das erinnert mich an Backgammon (in unserer Familie nur „table“ genannt), was ja **gerade deshalb so spannend** ist, weil Strategie **und** Glück mitspielen. Ein Spieler mit guter Strategie kann einen ohne Strategie fast immer schlagen, egal wie gut die Würfel für diesen fallen.

So auch hier: Ein/e SpielerIn mit genügend Bonuspunkten kann es mit viel stärkeren SpielerInnen aufnehmen, die zwar vielleicht mehr wissen (etwa weil sie 20 Jahre älter sind?), aber heute ohne Bonuspunkte antreten müssen, wenn das Spiel beginnt.

Alle Varianten sind natürlich nur grobe Vorschläge zum detaillierten Ausschmücken und Verändern. Die besten Varianten **ergeben sich, wenn man zu spielen beginnt!**

Viel Quiz-Vergnügen!

Modul 6 – Von Wortgewalt …

(Je REICH-haltiger unser Wort-SCHATZ, desto differenzierter können wir denken, sprechen und schreiben)

Deshalb schlage ich vor, **zu wichtigen Themen Ihres Lebens** häufig **ABC-Listen** anzufertigen (Merkblatt S. 106). Diese dienen erstens als **Inventur** und helfen uns zweitens, ein reicheres **Repertoire** anzulegen, damit wir bald mehr zu **wählen** haben.

Wer nur eine Bezeichnung für sämtliche grün-blauen Farbtöne hat, ist ziemlich sprachlos, so daß er **bewußt** weder differenziert wahrnehmen noch denken/sprechen/schreiben kann.

Z. B. **DISKREPANZ**: a. Abweichung/Mißverhältnis, b. Mißklang, c. Streit (Lösung: Antwort a)

In Rhetorik-Seminaren stellen manche Leute regelmäßig fest, daß sie sich gerne „gewählter ausdrücken" würden. Aber oft haben sie nicht viel zu wählen!

In diesem Sinne sind **alle** WORT-SPIELE in diesem Modul zu sehen. Sie festigen und vergrößern unseren Wort-Schatz. Dieser wiederum bestimmt nicht nur, was wir sagen (schreiben) können, sondern – weit fundamentaler – auch, was wir zu denken vermögen.

Wer sprachlos ist, weil er keine (zu wenig) Worte für das Beobachtete besitzt, kann schwerlich differenzierte Unterscheidungen treffen. Dies aber ist eine der wichtigsten Grundlagen für intelligentes Denken: die Fähigkeit, **feine** Unterscheidungen zu treffen. Das Gleiche gilt für alle Themenbereiche unseres Lebens. Je mehr Fäden unser Wissens-Netz beherbergt, desto mehr können wir „anfangen". Auch Wörter sind Fäden! Deshalb lohnt es sich, so oft wie möglich mit Worten zu spielen!

WORT-SPIELE beginnen mit einfachsten Wort-Erkennungs-Aufgaben (wie eine berühmte Kolumne, die seit vielen Jahrzehnten unverändert in Reader's Digest zu finden ist). Da sind die folgenden Spiele schon spannender, vor allem, wenn wir SpielpartnerInnen haben (siehe Randspalte, unten).

Es folgen einige meiner Lieblings-Spiele. Die ersten kennen Sie vielleicht aus Ihrer Jugend, aber erstens: Je mehr Wort-Schatz wir besitzen, desto spannender werden **diese** angeblich einfachen Spiele, also können sie durchaus faszinierend auch für Erwachsene sein! Zweitens folgen Spiele für Fortgeschrittene, für alle, die ein wenig „professioneller" spielen wollen!

Schreibspiele

Von ABCDE nach UVWXYZ?

Schreib-
spiele

Hier begeben wir uns von einem Wort zu einem anderen, indem wir jeweils einen Buchstaben verändern. So kann sich z. B. PORT zu WORT wandeln, dieses wiederum zu WERT, das zu WEIT und das zu WEIN; daraus ergibt sich eine „Reise" von PORT zu WEIN. Folgende Spielregeln können Ihren Einstieg erleichtern, wenn Ihnen das Spiel neu ist:

1. **Ein gutes Training für EinsteigerInnen** besteht darin, mit einem **Ausgangswort** zu beginnen und **zu sehen, wohin es** innerhalb des Zeit-Limits **geführt werden kann**. Das kann sehr spannend sein. Solche Übungen kann man auch alleine durchführen …
2. **Erst Fortgeschrittene** versuchen, von einem **Anfangswort** zu einem spezifischen **Zielwort** zu gelangen. Immer aber gilt: Anfangs- und Zielwort haben gleich viele Buchstaben.
3. **Vier-Buchstaben-Wörter eignen sich besonders gut.**
4. **Optimal ist es, mit Zeit-Limit zu spielen.**

Warnung: Spielen Sie nach dem Motto „Wer ist zuerst fertig?", dann werden langsame Denker oder SpielerInnen ohne Erfahrung mit dieser Art von Spiel möglicherweise nervös. Besser ist daher für diese Zielgruppen ein Zeit-Limit.

Wichtig ist besonders für das Einsteiger-Training (siehe Punkt 1, oben):

1. **Manche Anfänge führen zu nichts**, das ist o. k., z. B. ZAHN – ZAHL … oder GRAS – GRAL …??
2. Wenn man sich verschreibt (egal ob wir Probleme mit der **Rechtschreibung** haben oder gerade mal nicht aufpassen), ist der **Rest der Reihe** meist nicht mehr zu retten: ZAHN – ZAHL – ZIHL – ZIEL.
3. Kümmern Sie sich anfangs nicht darum, ob die **Wort-Ketten lang oder kurz** sind, jede stellt eine „Reise" vom ersten Wort an dar, z. B.: LAUT – LAUS – HAUS – HALS, oder: HAST – HASE – HABE – WABE – WARE – WARM – DARM.

Quelle: Einige dieser Fallbeispiele entstammen dem ebenfalls sehr empfehlenswerten Trainingsbuch für den Geist von dem Kanadier Tom WUJEC: *Salto mentale.*

4. **Auf diese Weise kann man auch Spiele für später kreieren,** wenn man den MitspielerInnen START-&-ZIEL-WORT anbieten möchte. Dabei können Wort-Kombinationen besonderes Können verraten, wie einige der folgenden Beispiele (die von den beiden Übersetzern, KÖNIG und BANDINI, ausgezeichnet im Deutschen nach-geschaffen wurden):

Beachten Sie die eleganten Wortbildungen:

von zu:			
RAST-HAUS	RAST	PORT	REIS
REIS-FELD	LAST	WORT	REIM
PORT-WEIN	LAUT	WERT	HEIM
SEIL-BAHN	LAUS	WEIT	HELD
WELT-RAUM	HAUS	WEIN	FELD

SEIL	WELT
BEIL	WERT
BEIN	WART*
WEIN	WARE
WENN	WABE
WANN	RABE
WAHN	RAHE
BAHN	RAHM
	RAUM

* WART:
Bei manchen Wörter könnte es Unstimmigkeiten geben. Bitten Sie den Autor des Begriffes, ihn zu **erläutern**. In der Übersetzung des WUJEC-Buches fand ich z.B. den Begriff „Wart“, der bei einem meiner Bekannten sofort „wüste Ablehnung“ auslöste. Als ich darauf hinwies, daß man vielleicht an einen Haus- oder Platz**wart** gedacht hatte, beruhigte er sich sogleich. Es gibt schon Unterschiede zwischen einzelnen Bundesländern, nicht nur zwischen den „alten“ und den „neuen“, was die Häufigkeit bestimmter Begriffe angeht. Selbstverständlich dürfen solche Wörter nicht von denen abqualifiziert werden, die damit nicht vertraut sind. Im Zweifelsfall für den Angeklagten (Pardon, unsere MitspielerInnen)! Wir wollen ja nicht streiten, sondern spielen. Für ganz besondere Rechthaber vom Dienst: Beste Wörterbücher (inkl. Fremdwörter!) griffbereit liegen haben ...

Langes Wort

Hier beginnen wir mit einem Begriff, aus dessen Buchstaben wir **neue Wörter bilden**. Dabei gilt, daß nur **vorhandene Buchstaben** verwendet werden dürfen. Angenommen, wir wollten mit dem Begriff „Schreibspiel" spielen, dann können wir „schreiben" nicht bilden, weil wir kein „n" vorfinden, aber „schreibe", sowie „Schrieb", auch „Spiel" können gebildet werden. Gleichermaßen können wir „herausziehen": Ei, Eis, Eile, bei, Beil, Seil etc.

Sie sehen, daß das Denken in Reimen gute Beute bringen kann. Außerdem ist es hilfreich, folgende Tricks anzuwenden, sie erleichtern das Spiel sehr:

1. **Beginnen Sie mit einer Buchstaben-Inventur:**
   B C/CH E I H L P R S
   Achtung: Bei „ch" ist es günstig, sich klarzumachen, daß sowohl das „c" als auch die Kombination „ch" vorhanden sind, insbesondere wenn man die **Einsteiger-Version** spielt (siehe Punkt 3, unten).
2. **Listen Sie jeden Buchstaben so oft auf, wie er im Wort vorkommt.** Denn wenn das „lange Wort" (= der Ausgangs-Begriff) nur ein „a" hat, können Sie kein Wort ableiten, das „aa" oder zwei getrennte „a" enthält.
   B C/CH EE II H L P R SS
3. **Zählen Sie und vergleichen Sie die Buchstabenzahl Ihrer** (alphabetischen) **Auflistung mit der Anzahl der einzelnen Buchstaben im Begriff selbst.** Stimmen beide überein, dann haben Sie weder einen Buchstaben übersehen (und statt drei „e" vielleicht nur zwei gesehen), oder Sie haben einen Buchstaben „dazugedichtet", der im Wort selbst nicht enthalten ist. Dann wären später alle Begriffe mit diesem Buchstaben ungültig. Es hat schon mancher gemeint, er hätte weit mehr als alle anderen, weil er einen Extra-Buchstaben hatte, der allen fehlte (weil im Wort nicht enthalten). Schade …

4. **Unterscheiden Sie zwischen Einzel-Buchstaben und typischen Kombinationen.** Der Begriff „Schreibspiel" bietet sowohl „P" (Pein) als auch „Pr" (Preis"), sowohl „c" als auch „Ch" (siehe nächster Punkt).
5. **Listen Sie Ihre Begriffe von Anfang an alphabetisch auf,** dann finden Sie später Wörter, **die von anderen verlesen werden,** schnell. Solange alle A-Wörter in der A-Spalte stehen, finden Sie jedes Wort schnell, dann: Am Ende werden die Wörter verlesen und alle Mehrfach-Nennnungen durchgestrichen, so daß nur noch seltener gebrauchte Wörter übrig bleiben. Erst diese werden **gezählt** (wichtig, wenn Sie um Punkte spielen). Listet man die Begriffe gleich alphabetisch, dann findet man die verlesenen Wörter schnell, auch wenn die anderen (vorlesenden) MitspielerInnen unsystematisch vorgehen. Je größer unser Wort-**Schatz**, desto eher fallen uns **selten** gebrauchte Wörter ein …

Innerhalb der einzelnen Spalten muß es nicht alphabetisch sein, wiewohl geübtere Spieler auch das ganz gut schaffen. So schreibt man z. B. „Aal" ganz oben in die A-Spalte, „Azubi" jedoch gleich weiter unten, so daß man später „alle" zwischen den „Aal" und den „Azubi" schieben kann. Aber das muß nicht sein.

6. **In der Einsteiger-Version sind alle Sprachen erlaubt.** Also darf ciao (ital.), cheer (engl.) oder cinque (franz.) genau so aufgeschrieben werden, wie wie die Musiknote „c" oder deren Kreuz- (cis) oder b-Variante (ces). Übrigens gibt es weit mehr C-Begriffe, als man im ersten Moment meinen könnte: Cafeteria, Cadmium, Cello, Cellist, Cembalo. Auf der anderen Seite beginnen viele Wörter mit „Ch" (Charakter, Chance, Chaos, Chef, Chemie, Chip, Cholera etc.).
7. **Spielen Sie anfangs möglichst lange Wörter, die viele Vokale enthalten,** sonst vergeht Einsteigern und jüngeren Leuten schnell die Lust. Begriffe wie TÜRE (gern auch TUER geschrieben) enthalten zwar zwei „e", aber darüber hinaus nur ein „r" und ein „t". Also „steckt nicht viel drin": deutsch: *Rute, euer, Tee, teuer* – engl. *tie* – latein/franz.: *et, tu, tuer (töten;* nicht mit unserer *Tür* zu verwechseln); viel mehr ist „da nicht drin".

8. **Spielen Sie anfangs möglichst Wörter, die „a“ und „e“ enthalten**, denn Wörter ohne „a“ und/oder „e“ sind für EinsteigerInnen noch zu „schwer“. So bietet der Begriff „Gehirn“ nicht viel (*Ei, ein, g* [die Note], *geh!, gern, Gier, Gin, hi!, hier, Hirn, in, ihr, nein, nie & rein*). Selbst einem **langen** Begriff wie „**Korkenzieher**“ läßt sich nicht viel entnehmen, es fehlt auch hier das „a“ (*Ei, Ehe, Ehre, ein, hi!, hier, hin, in, ihr, irre, kein, Korken, kehren, nein, nie, Ohr, ok, ohne, rein, Reiz, zieh!, Zier & ziehen*).
9. **Spielen Sie auf Zeit.** Da man nie ganz sicher gehen kann, daß es absolut keinen Begriff mehr gibt (insbesondere wenn alle Sprachen erlaubt sind), ist ein Zeitlimit am besten. Hier müssen Sie ein Gefühl dafür entwickeln, wieviel Sie geben wollen. Beginnen Sie mit 10 Minuten, weil auch Ungeübte in dieser Zeitspanne einiges finden können, insbesondere wenn die Nutzung von Wörterbüchern erlaubt ist (wir sind ja schließlich nicht in der Schule!).

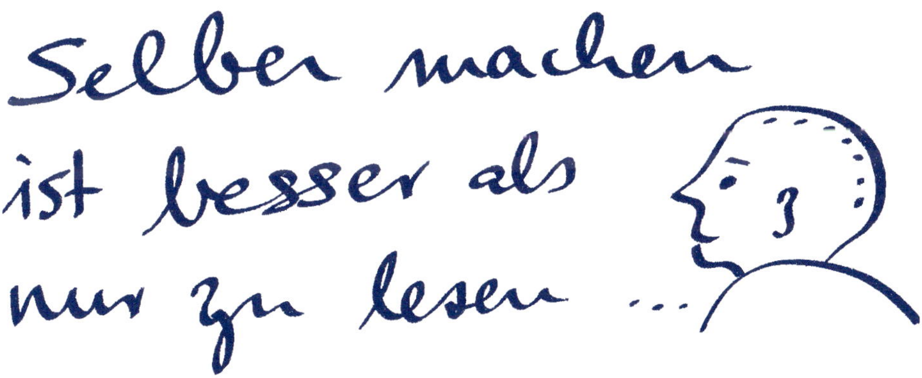

In dem Beispiel S. 90/91 (**Schreibspiel**) habe ich mir 5 Minuten gegeben, um das Wort „anzudenken“, denn die ersten 5 Minuten sind eine prima **Inventur**, was wir besonders parat haben und was uns sofort einfällt.

Teil 1: **B, C und CH, EE, I und H:**

bei
Beil
Bier
bis
Biss

engl.:
bill
be
bee
bile
beer

c (die Note)
ces
cis
CH (Schweiz)

engl.:
crib
ceil
chess
chili
chip
chirp
clip

e (die Note)
Ei
Eis
Eiche
Eile
Ehre
Esse
Ehe
es
er
Erpel (einer jener seltenen Begriffe)

ich
ihr

engl.:
I
is
inch

h (die Note)
hier
Hieb
Hase
heiser
Herr
hebe!
Hieb/e
heil
heiß

engl.:
hi
here
his
her

Teil 2: L, P, R und SS:

Laser
laß!
Leiche

engl.:
lace

pi
Pier
Preis

engl.:
price
peer
pee
peel
piss

Ries
rase!
Riss
reich
Reis
Reiher
Reh/e

engl.:
re
rich
race

Schi
Schere
schiebe!
Scheibe
schreibe!
sehr
schal
Schar

engl.:
SASE
(offizielles Akronym für Self-Addressed-& Stamped-Envclopc)
see
sir

Wir hatten früher einige Schreibregeln, z. B.: ein Ausrufezeichen zeigt die Befehlsform an oder Versalien (Großbuchstaben) zeigen Akronyme (wie USA, IBM etc.) an (hier: SASE). Wichtig ist nicht, welche Regeln Sie von außen übernehmen wollen, sondern welche sich beim Spielen bald entwickeln. Da reguläre Spieler immer „regionale“ Eigenarten entwickeln, müssen Sie eingangs darauf gefaßt sein, daß andere SpielerInnen sich über Ihr Vorgehen wundern oder ihre Spielregeln vorschlagen. Seien Sie offen. Alle Regeln, die Spielern helfen, sind interessant.

> Je größer unser Wort-Schatz, desto eher fallen uns seltener gebrauchte Wörter ein.

Gefüllte Kalbsbrust

Dieses Spiel ist sehr einfach erklärt, aber weit komplizierter zu spielen, als es im ersten Moment scheinen mag. Der Grund liegt darin: Während wir Wörter mit ihren Anfangsbuchstaben im Gehirn „kodieren", wissen wir über das andere Ende der Wörter, über ihren Endbuchstaben, in der Regel nichts. Da wir hier Worte bilden müssen, deren erster und letzter Buchstabe **vorgegeben** sind, lernen wir (vielleicht zum ersten Mal), dem Wort-Ende besondere Aufmerksamkeit zu schenken. Dieses Spiel sollte von EinsteigerInnen, die noch sehr ungeübt sind, nicht unbedingt gleich angegangen werden. Aber für Wort-LiebhaberInnen ein Super-Spiel. In meiner Kindheit hieß es „Gefüllte Kalbsbrust". So geht's:

S - - - - - - - L

P - - - - - - - E

I - - - - - - - I

E - - - - - - - P

L - - - - - - - S

1. Man schreibe ein Wort am linken Rand herunter und dasselbe Wort am anderen Ende herauf.
2. Man fülle die „Kalbsbrust". Dabei einigt man sich, was alles erlaubt ist (bei Einsteigern alles, also auch Englisch, Latein, berühmte Namen etc., damit man erste Erfolgsgefühle erleben kann)!

1. S EI L	**1. SEIL** (**einfache** Kombination)
2. P REIS E	**2. PREISE** (Plural erlaubt)
3. I NR I	**3. INRI** (Latein erlaubt)
4. E SO P	**4. ESOP** (engl. Schreibweise von AESOP)
5. L AU S	**5. LAUS** (auch **kein Problem**).

Viel Spaß!

Demokratische Definitionen

Man wählt wenig bekannte Begriffe, zu denen alle Anwesenden eine Definition aufschreiben. **Was man nicht weiß, wird erfunden.** Besonders lustig wird es, wenn man Wortteile zu „erkennen" vorgibt (es ist ein Spiel!!) und in die Definition einschummelt:

> **iatrogen:** Der Wortteil „ia" verweist auf das Geschrei von Eseln, der „trog" im Mittelteil läßt auf Futter schließen, und „gen" leitet sich von Genetik her, damit handelt es sich um einen Begriff, der **die Vererblichkeit von Eselsgeschrei am Futtertrog** zum Inhalt hat.

Hier sollten mindestens drei Personen mitspielen.

Der/die SpielleiterIn schmuggelt eine vorher vorbereitete Definition aus dem Lexikon/Wörterbuch in den Stapel. Am Ende werden alle Definitionen verlesen und (oft unter viel Gelächter) DEMOKRATISCH ABGESTIMMT, welche am besten gefällt (unabhängig davon, welche man für richtig hält). Anschließend klärt der/die SpielleiterIn darüber auf, ob man die „echte" gewählt hat, wenn nicht, wird das Rätsel nun aufgeklärt.

Deshalb nenne ich diese Variante auch „demokratische Definitionen"!

demo-
Kratische
DEFI-
NITIO-
NEN

Weitere Beispiele:

Ein Schweizer Trainerkollege steuerte folgende Definitionen bei:

Metaphase

Lexikon-Definition: Metaphase – Abschnitt der Zellteilung, in der die Chromosomen in der Teilungsebene an der Spindel festgelegt sind (Äquatorialplatte)

META = griechisch für Mittag, PHASE = Zeitraum

METAPHASE ist die Mittagszeit, in südlichen Ländern wird hier oft ein kleines Nickerchen gehalten

Phonothek

Lexikon-Definition: Phonothek = Sammlung von Tonträgern (Schallplatten, Walzen, Tonbänder usw.)

PHON ist die althochdeutsche Schreibweise für „von",

THEK die Abkürzung für Theke.

PHONOTHEK beschreibt demzufolge die Selbstbedienung in einem Restaurant/Wirtschaft. Die Gäste holen sich ihr Bier selbst VON der THEKE.

Ludwig Lingg, E-Mail Management
www.email-management.ch

Dieses Spiel eignet sich vorzüglich auch zu echtem Lernen!

Durch die albernen Definitionen, die man gehört hat, ist einem der zunächst neue Begriff inzwischen schon einigermaßen vertraut, so daß man jetzt die **tatsächliche** Bedeutung gut verstehen, oft sogar auf Anhieb merken kann. Wer Wert darauf legt, die Wörter wirklich zu lernen, könnte jetzt in einem etymologischen Wörterbuch nachsehen, wo die Wortwurzeln erklärt werden (z. B. im Duden Nr. 7) und das neue Wort aufgrund der wahren Herkunftsdaten des Begriffes gut ins Wissens-Netz einspeichern.

So würden wir bei unserem Fallbeispiel „iatrogen" z. B. erfahren, daß „gen" genaugenommen „geschaffen" heißt und daß die **Gene** eben deshalb so heißen, weil sie bestimmte Formen hervorbringen (schaffen), sowie, daß „iatrogen" sich von (griechisch) „iatros" (= Arzt) ableitet. Damit beschreibt man *Krankheiten und Leiden, die durch die ärztliche Heilkunst ausgelöst (geschaffen)* werden. Von einer iatrogenen Erkältung, die man sich im kalten OP zugezogen hat, über eine bakterielle

Infektion, die durch Keime im Krankenhaus entstanden, bis zum ärztlichen Kunstfehler – das sind alles iatrogene Leiden!

Deshalb empfehle ich LehrerInnen egal welcher Fachrichtung, es für die Einführung neuer Fachtermini einzusetzen. Die Erfahrungen sind großartig. Man „spielt" mit den Begriffen, wird vertraut und ist dann „total offen" für die wahre Info, wenn sie nachgeliefert wird.

Einen ähnlichen Ansatz finden Sie am Fallbeispiel Computersprache im Modul „gehirn-gerecht-Machen von neuen Infos" in *Stroh im Kopf?* (ab 36. Auflage).

Anonyme Variante

Wenn man nach Verlesen und Abstimmen gerne raten möchte, **wer** sich welche Definition **ausgedacht** hat, dann ist es wichtig, daß alle Anwesenden **identische** Papiere und Stifte benutzen, so daß zunächst eine gewisse Anonymität gewahrt bleibt und alle Zettel gleich aussehen, von denen laut gelesen wird.

Was das Vorlesen angeht, so kann der/die SpielleiterIn alle Definitionen vorlesen, aber man kann die Definitionen auch bunt mischen, so daß jeder eine fremde erhält. (Falls jemand seine eigene erhält, zuckt er mit keiner Miene und liest sie ebenfalls vor, denn darum geht es: Man trägt reihum die Definitionen vor, ohne daß man weiß, von wem der jeweilige Text geschrieben wurde.)

Diese Variante kann einiges zur Menschenkenntnis in der Gruppe beitragen. Die Gespräche, warum man diese oder jene Definition dieser oder jener Person „zugetraut" hatte, können tiefgehend und spannend werden!

Die Rolle des Spielleiters kann von Runde zu Runde wechseln.

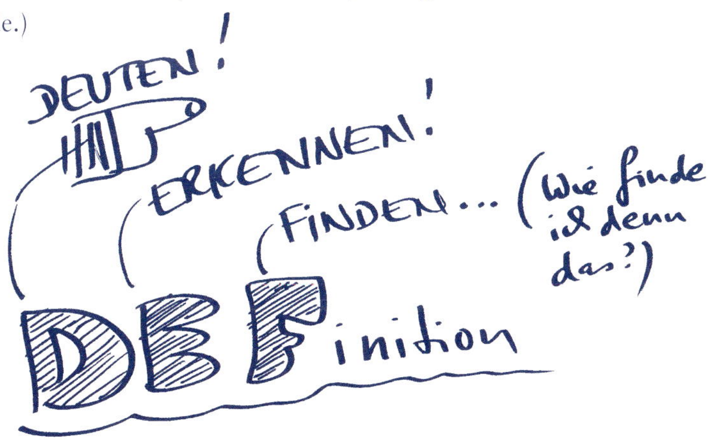

Dieses Spiel ist gut geeignet, wenn sich nur ein Teil der Gruppe denkerisch vergnügen will. Dann spielt die **Teilgruppe** ein WORT-GEWALT-Spiel, z. B. dieses, wobei das TEXTE-Schmiede-Spiel Texte erzeugt, die diese Gruppe den anderen später vorlesen kann. Das Vorlesen könnte auch eine Überleitung zu einem weiteren (Wort-)Spiel sein.

Die Texte-Schmiede (Ein Klebe- und Vorlese-Spiel)

Sie haben es im Film gesehen, wenn der Erpresser aus einzelnen Zeitungsbuchstaben seine Botschaft klebt. So ähnlich gehen wir hier vor, nur daß wir keine Zeitung zerschneiden müssen, wenn wir einen PC haben. Das hat den zusätzlichen Vorteil, daß wir viele größere Buchstaben besitzen (wir beginnen also gleich auf der Ebene der Unter-Überschriften in der Zeitung). So gehen Sie vor:

Vorbereitung: Drucken Sie Buchstabengruppen in verschiedenen Größen aus (mindestens 18 Punkt), die Sie den MitspielerInnen zur Verfügung stellen werden.

Das Spiel: Jede/r MitspielerIn bekommt ca. 200 Buchstaben und beginnt, eine Botschaft zu legen. Es muß ein zusammenhängender Text werden (nicht unbedingt ein Erpresserbrief), also keine einzelnen Sätze. Man soll möglichst viele Buchstaben unterbringen, wer am meisten verwenden konnte, ist **Punkte-Sieger**. Es kann aber sein, daß inhaltlich ein anderer Text mehr Anklang findet, wenn vorgelesen wird.
Achten Sie bitte auf Buchstaben-Häufigkeit; wir benötigen z.B. weit mehr „e“ als „u“ oder „z“. Ein Blick ins Lexikon zeigt dies klar, manche Buchstaben füllen zehnmal so viele Seiten wie andere, ganz besonders arm wird es bei „x“ und „y“.

Hinweis: Gegen Ende darf man mit anderen verhandeln, um den einen oder anderen Buchstaben **einzutauschen**, was dem Spiel eine besondere Note gibt.

PS. Wenn jemand meint, er möchte zwar keinen Text verfassen, aber mitspielen, darf er oder sie selbstverständlich auch mit allen Buchstaben handeln ...

Variante: Mehrere SpielerInnen einigen sich auf ein „großes“ Thema, so daß ihre Texte später zusammenpassen ...

Suche nach dem gemeinsamen Nenner (Bisoziative Kreativität trainieren)

Normale Kreativität ist assoziativ, besonders Kreative erzeugen jedoch häufiger als andere Menschen **Bisoziation**

Die meisten von uns kennen den „gemeinsamen Nenner" aus der (oft verhaßten) **Mathematik** in der Schule, aber wann immer wir Dinge (Tatsachen, Ideen) miteinander vergleichen, können wir nach Gemeinsamkeiten suchen. Wenn diese ins Auge fallen (z. B. „Rundheit" bei Kugeln und Bällen) oder leicht zu entdecken sind (z. B. „Rundheit" bei Gläsern, Tassen, Tellern), dann erscheinen uns diese „gemeinsamen Nenner" sonnenklar. Einfachstes assoziatives Denken führt dazu, daß uns diese Ver-BIND-ungen zwangsläufig auffallen. Assoziations-Übungen dieser Art sind hilfreich, um aufzuspüren, welche geistigen Denk-Kategorien wir meist unbewußt nutzen.

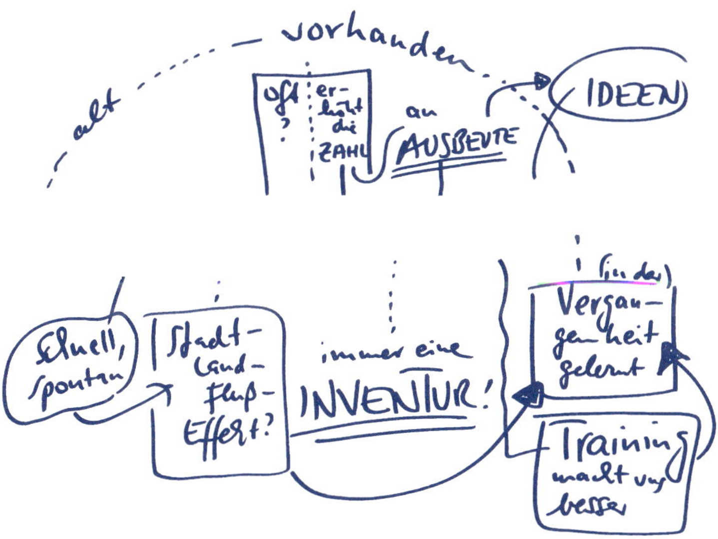

Aber richtig spannend wird es, wenn wir beginnen, **bisoziativ** zu denken!

Die „**Bisoziation**" (nach Arthur KOESTLER: *Der Mensch – Irrläufer der Evolution*) beschreibt das Zusammenbringen zweier Gedanken (Ideen, Theorien), die normalerweise (d. h. **assoziativ**) nie zusammengefunden hätten. Jede Bisoziation geht mit einem „Witz" einher, ob im Sinne von „faszinierend", „clever" oder „witzig" im Sinne von „lustig", deshalb reagieren wir auf eine Bisoziation immer überrascht.

Beispiel: **Was haben ein EHEPAAR und ein TISCH gemeinsam?**

Na, haben Sie kurz nachgedacht oder gleich weitergelesen?

❒ **Nachgedacht – schön, daß Sie mitspielen;** schließlich wollen Sie später auch, daß Ihre Gruppe bei den Spielen mitmacht, die Sie vorschlagen, nicht wahr?

❒ **Gleich weitergelesen** – Bitte bedenken Sie, daß man die Spiele am besten „verkaufen" kann, die man selbst bereits gespielt hat. Die Aufforderung mitzudenken stellt de facto eine **Einladung zum Mitspielen** dar. Also vielleicht doch nachdenken ...?

Wenn Sie es nämlich wirklich ausprobieren (und die Aufgabe **Ehepaar/Tisch** lösen), dann werden Sie feststellen, wie **assoziativ** unser Denken normalerweise abläuft (weil unser Gehirn assoziativ „konstruiert" ist). Das Wort-Bild (KaWa©) zu ASSOZIATIV demonstriert dies sehr klar: assoziative Gedanken stellen **alte Verbindungen** dar, deshalb sind sie so **schnell**. Sie **sausen** auf alten Nervenbahnen entlang. Je **öfter** wir bestimmte Bahnen benutzt haben, desto mehr (Zahl in Zeiteinheit) fällt uns ein, deshalb ist jede assoziative Übung immer eine **Inventur** ...

Lösung:
Beiden gemeinsam ist, daß sie jeweils vier Beine haben.

Deshalb fallen uns Paarungen wie **Ehepaar/Tisch** im ersten Ansatz so schwer, denn wir verstehen sie (aufgrund unserer **vorhandenen** Nervenbahnen) eher getrennt als verbunden. Aber wenn Sie ein wenig **weiterdenken**, wenn Sie **bewußt** beginnen, nach Gemeinsamkeiten zu suchen, dann könnte Ihnen doch etwas ein- oder auffallen, oder?

Wenn Sie um Punkte spielen wollen, gilt: Je mehr Gemeinsamkeiten, desto mehr Punkte.

Das Spiel „**Suche nach dem gemeinsamen Nenner**" lädt uns also ein, **neue** Ver-BIND-ungen zu suchen, wo wir zunächst keine sehen.

Dabei sind selbstverständlich alle Arten von Ideen erlaubt, auch „alberne" Aussagen, es kann also lustig werden. Trotzdem werden Sie durch so manche „ernste“ Einsicht **überrascht**, die zu spannenden Diskussionen führen können, wenn Sie es zulassen. Beispiel:

Erdnuß/Elefantenzahn

albern: Beide werden nie unser Geschirr waschen.

ernst: Beide sind Symbole für die Tatsache, daß wir Menschen vielleicht zu wenig Rücksicht auf die Lebewesen und Ressourcen dieses Planeten nehmen.

Im Gespräch hinterher ergab sich: Beim *Elefantenzahn* sehen wir dies sofort, was jedoch die *Erdnuß* angeht, so gilt: Wenn wir die realen Kosten einer Erdnuß berechnen würden, die in Hamburg „einläuft“, mit LKWs nach Portugal transportiert wird (aus der Schale holen, waschen), dann weiterreist nach Sizilien (salzen und in Dosen füllen), um dann wieder zurückzufahren, um in Hamburg verkauft zu werden … Wenn Sie bedenken, was diese arme Erdnuß an Ölverbrauch, Straßenbelägen (die von Lastern sehr schnell kaputtgemacht werden), Tunnels etc., ganz zu schweigen vom Energieverbrauch (Autos, menschliche Energie) wegen der vielen Staus … dann müßte jede einzelne Erdnuß ca. 1 Euro kosten!

Im Abschnitt „Quiz-Spiele“ finden Sie diesen Gedanken ebenfalls (S. 79); er war ursprünglich bei einem solchen Gemeinsame-Nenner-Spiel „aufgetaucht“!

Sie sehen, es kann spannend werden. Nun erhebt sich die Frage: Wie produzieren wir die Bisoziationen, mit denen wir spielen können? Wenn wir sie uns ausdenken, besteht die große Gefahr, daß wir **unbewußte Verbindungen** nutzen, deshalb fallen uns dann gleich sehr viele „Bisoziationen“ ein, die genaugenommen doch eher Assoziationen (alte Verbindungen) darstellen. Deshalb schlage ich vor, hier Kommissar Zufall zu Hilfe zu rufen, indem Sie vielleicht **zwei ABC-Listen miteinander verbinden**, z. B. eine TIER-Liste und eine mit BERUFEN oder BÄUMEN oder BERÜHMTEN NAMEN oder WISSENSCHAFTEN etc. Schon das **Erstellen** solcher Listen ist hervorragendes Stretching für den Geist, aber das ist hier nicht unser Thema (siehe Randspalte).

Wer hierüber mehr wissen will, vgl. meine Buch-Seminare (mit zahlreichen Übungen): *Das große Analograffiti-Buch*, *ABC-Kreativ©* und *Das Innere Archiv*; letzteres bietet Ihnen auch die Idee der **beweglichen Rundliste**, mit der man **laufend neue Kombinationen (durch Drehen) kreieren kann**.

Um Ihnen den Einstieg zu erleichtern, finden Sie im Anhang einige erste Listen, die Sie „konsultieren" können.

Übrigens entscheiden Sie, inwieweit Sie das Spiel flach (oberflächlich) **als schnelles Wort-Spiel** einsetzen wollen oder ob man ruhig ein wenig ausführlicher „philosophieren" darf.

Zu dieser (gesprächsbereiten) Variante hier drei Beispiele aus einem Gruppen-Gespräch, bei den die SpielerInnen der Reihe nach „ihren Senf dazu gaben" …

1. Spion/U-Boot
2. Fernseher/Feldstecher
3. Holzkohlengrill/Piano

So, wenn Sie erst ein wenig nachdenken wollen, dann lesen Sie noch nicht weiter! Denken Sie zuerst selber nach. Vielleicht spielen Sie die drei Beispiele mit jemandem (gerne auch per E-Mail oder am Telefon). So würden Sie das Spiel er-LEBEN. Sie entscheiden natürlich!

1. Spion/U-Boot:

1. Beide wurden **„gemacht"** (nach dem Motto: Spione werden nicht geboren).
2. Beide wurden für den **Krieg** gemacht. **Einwand** eines Zuhörers: Ja, aber inzwischen gibt es auch **Forschungs-U-Boote**. Antwort: **Richtig, aber** unabhängig davon, daß man **heute** auch im nicht-militärischen Sektor U-Boote einsetzt, wurden sie erstens von Leonardo da VINCI für Kriege **erfunden**, zweitens wurden sie weit länger mit dieser Zielstellung eingesetzt; die Forschung, ja sogar Touristenvariante (derzeit in Planung) ist eine dünne Sahneschicht auf einem dicken Kriegs-Kuchen.
3. Beide arbeiten am besten, wenn sie **untergetaucht** sind …

2. Fernseher/Feldstecher:

1. **Beide** helfen uns zu sehen, was in der Ferne liegt ...
2. **Beide** beginnen mit „F“, d. h. die Begriffe beginnen mit „F“.
3. Na ja, das ist doch ein wenig sehr naheliegend, eher assoziativ ... EINWURF: Keine Kritik! Jeder darf sagen, was ihm in den Sinn kommt. (Nummer 3: „Sorry“). ANDERE STIMME: Statt zu kritisieren, solltest du selber ein Beispiel bringen! (Nummer 3: Jetzt fällt mir nichts ein.) Gelächter!!
4. **Beide** können als **Kulturprodukte** bezeichnet werden.
5. **Beide** haben mit Sehen zu tun. Aber während der Feldstecher uns zeigt, was weit weg liegt (Mechanismus: schärferes Sehen, Vergrößerung), zeigt das Fernsehen uns die Welt oft verzerrt, unscharf, ja geradezu falsch. Ich meine, wer zuviel fernsieht, wird nicht nur mit sogenannten Informationen vollgestopft, sondern auch mit Meinungen, wenn ich nur an die Nachmittags-Talk-Shows denke, die dürfen unsere Kinder überhaupt nicht ohne uns sehen. Wenn sie unbedingt wollen, dann wird eine per Video mitgeschnitten und abends geguckt, wenn wir stoppen und hinterher noch darüber reden können ...
6. Ja! Genau! **Beide** sollten **gezielt** eingesetzt werden. Aber während das beim Feldstecher sicher der Fall ist, zumindest kenne ich niemanden, der tagtäglich stundenlang durch einen solchen starrt, ist dies beim Fernseher nicht der Fall. EINWURF: Das ist eine interessante Einsicht. Toll. Gefällt mir!

Schon begann eine spannende Debatte ... Wie gesagt, das Spiel bietet oft neue Gesichtspunkte, auch und besonders zu alten Themen.

3. Holzkohlengrill/Piano:

1. **Beide** sollten in **guter Kondition** gehalten werden; der Holzkohlengrill muß regelmäßig gereinigt werden, das Piano ebenfalls ... EINWURF: Und gestimmt!
2. Ich wiederhole zwar einen Gedanken von vorhin, aber es stimmt auch hier: **Beide** sind Symbole menschlicher **Zivilisation**: das gezähmte Feuer plus alles, was zur Grill-Kunst gehört, ebenso wie die gezähmten Saiten (die man nicht mehr mühselig mit den Fingern zupfen muß, wie bei den ersten Saiten-Instrumenten).
3. Ja, und **beide** symbolisieren **nicht nur das Zähmen** früherer Errungenschaften (wie Feuer und frühe Saiten-Instrumentalmusik), sondern beide haben inzwischen auch eine **ziemlich hohe Perfektionsstufe** in der Weiterentwicklung beider Künste erreicht. Also genaugenommen sind beide Produkte, die wir, ohne rot zu werden, der **Kultur** zuordnen können! BEMERKUNG EINES ANDEREN: Ja! Wenn ich bedenke, wie viele Jahre ein Pianist übt und lernt und wie lange es dauert, bis ein Grill-Profi die letzten Details (beginnend mit der Marinade, in der das Grillgut Tage vorher schon liegt) beherrscht ...
4. **Beide** stellen eine gewisse **Gefahr** dar! Beim Holzkohlengrill könnte ein offenes Feuer ausbrechen, man kann sich die Hand verbrennen etc., wenn man nicht aufpaßt. Und das Piano kann zu falschem Üben verführen, ich denke hier an Sehnenscheidenentzündungen ... BEMERKUNG EINES MITSPIELERS: Habt ihr mitbekommen, daß jemand einen völlig neuen Flügel erfunden hat, der genau das Problem löst?

Hier ergab sich eine längere Diskussion über eine neue Aufhängung des „Hammers", welche bewirkt, daß nur noch ein Drittel des Kraftaufwandes benötigt wird, um eine Note anzuschlagen. Dann berichtete der Sprecher enttäuscht, daß das neue System Pianisten zwar vorgestellt wurde, jedoch von ihnen **nicht** angenommen wird. Die Gruppe konnte sich dies nicht erklären, aber wenn wir dies aus der Perspektive des gehirn-gerechten Lernens betrachten, ist es völlig klar: Sie haben in Abertausenden von Trainings-Stunden aufgebaute Nervenbahnen entwickelt und „asphaltiert" (Daten-Highways im Hirn) und müßten demzufolge extrem stark ent- oder umlernen (d. h. NEU lernen), was sehr viel Zeit kosten würde. Wer schon einmal beobachten konnte, wie viel Zeit es kostet, wenn jemand nach einem Schlaganfall gewisse Dinge NEU lernen muß, die er einst konnte, weiß, daß dieser Prozeß pro Handlungsablauf (z. B. die Gabel zum Munde zu führen) Monate (bis Jahre) dauert. Und dies müßte ein Pianist für alle Passagen aller Stücke aufbringen, für die er ALTE Nervenbahnen besitzt. Das ist unrealistisch.

Wir können nur hoffen, daß Nachwuchs-Pianisten das neue System aufgreifen, so daß zukünftige Generationen davon profitieren können!

Sie sehen, wie schnell das Spiel zu spannenden Gesprächen führen kann, so daß Sie als GastgeberIn, SpielleiterIn oder Gruppen- bzw. SeminarleiterIn es auch als „Türöffner" für spannende, faszinierende Gespräche einsetzen können.

Allerdings dürfen Sie das neuen MitspielerInnen beim ersten Mal vorher keinesfalls verraten, wollen Sie keine „Seid-bitte-spontan-Beziehungsfalle" erzeugen, denn dann kann sich kaum ein spontanes Gespräch entwickeln. Haben die Mitspieler diesen Prozeß jedoch selbst erlebt, dann speist sich die Erwartung guter Gespräche aus eigenen Erfahrungen, was sie wahrscheinlicher macht ...

Variante 1: Wer weiß, daß er als Gastgeber oder Seminarleiter das Spiel einsetzen will, könnte einige Aufgaben mit Lösungen vorbereiten, um einen leichteren Start zu ermöglichen.

Variante 2: Sie können aber auch mit der Einladung darum bitten, daß einzelne Gäste je ein gutes Beispiel (mit möglichen Lösungen) als „Gastgeschenk" mitbringen (statt Blumen).

Anhang

Die Listen wurden meinem Buch *Das Innere Archiv* entnommen, das u. a. ein großartiges Konzept der beweglichen Rundliste (nach Raimundus LULLUS im 13. Jahrhundert) vorstellt. Damit kann man viele neue Kombinationen „herbeidrehen".

Merkblatt: ABC-Listen

Diese Listen bieten Ihnen eine Einstiegshilfe für ...

- **Stadt-Land-Fluß-Varianten** (vgl. Stadt-Land-Fluß-Lern-Quiz, S. 81)
- **das bisoziative Spiel „Suche nach dem gemeinsamen Nenner"** (S. 97).

Außerdem bieten Ihnen diese Listen jede Menge Stichwörter für

- **den rhetorischen Klassiker des** SPRECHDENKENS – und zwar alle Variationen, von Einsteigern bis zu sehr fortgeschrittenen SpielerInnen (S. 41 f.).

Lebens-ABCs

Auf Seite 58 stellten wir fest, daß man ABC-Listen über das eigene Leben erstellen kann. Sehen Sie solche **Lebens-ABC.s** wie ein Solitaire-Spiel (z. B. eine knifflige Patience, die man legt, weil das Nachdenken Spaß macht).

Die meisten Leute finden es relativ leicht, wenn sie einmal begonnen haben. Was auch sehr spannend sein kann ist, wenn Menschen, die viele Jahre gemeinsam gelebt haben (Eltern – Kinder, Lebens-Partner, langjährige Freunde, Nachbarn) ein Lebens-ABC für den jeweils anderen anlegen und die Ergebnisse später vergleichen. Ein Seminarteilnehmer berichtete mir von einem Projekt, das über mehrere Wochen ging – als die gesamte Nachbarschaft, die seit der Nachkriegszeit zusammengefunden hatte, die Jahre 1946 bis 1968 auf diese Weise rekonstruierte, wobei die Listen von Runde zu Runde immer akkurater wurden.

Thematische Lebens-Listen

Was auch Spaß machen kann, ist Lebens-ABCs zu erstellen, die thematisch sortiert sind. Das heißt, wir legen parallel einige Listen an, die wir peu à peu über einen gewissen Zeitraum weiterführen. Hier sehen Sie ein erstes „Andenken" einer solchen Liste mit dem Thema: Was habe ich in meinem Leben gelernt? Dabei meine ich nicht Schul-Lernen, sondern Lernen außerhalb des Schullebens, daher ist der erste Punkt das Autofahren. Wer will, schreibt gern noch Stadt und Jahr dazu (das wäre in meinem Fall St. Louis, Missouri, USA). Gehen Sie das ABC täglich zwei Minuten lang durch, ganz entspannt, dann fällt Ihnen immer wieder etwas ein.

Wenn Sie tagsüber (z. B. im Büro) eine „Erleuchtung" haben, notieren Sie diese ruhig, um sie demnächst in die Liste einzutragen. So fiel mir nach diesem Anfang ein, daß ich ja diverse Sprachen gelernt hatte, die ich später in die Liste eintrug. Wenn eine Liste einigermaßen vollständig zu sein scheint, übertrage ich sie auf ein neues Blatt, damit sie lesbar wird, wobei ich bei x/y gerne eine Bemerkung eintrage, um die Lücke zu füllen. Es mag albern anmuten, aber so ein „Loch" dort, vor dem Z, das stört mich einfach ...

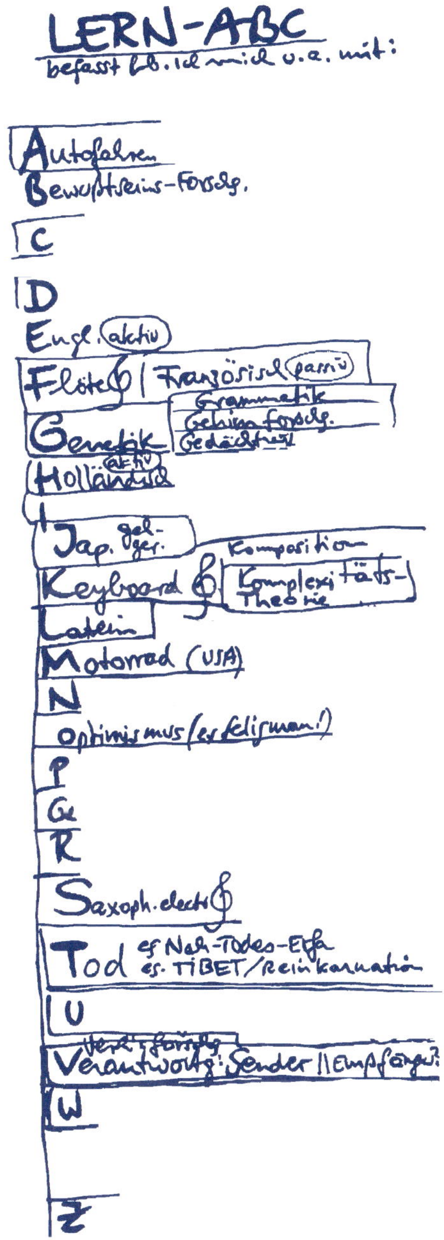

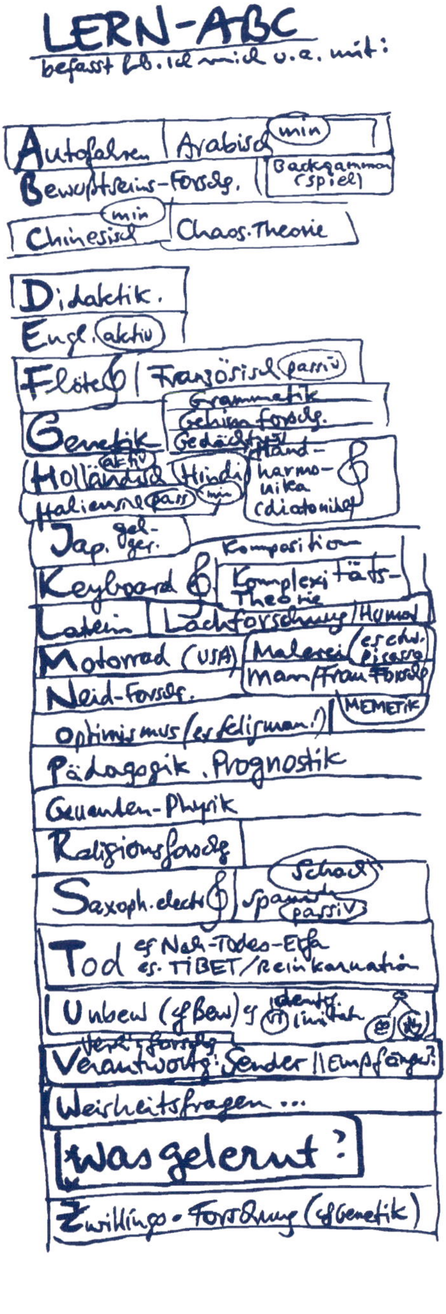

Da die handschriftliche Abbildung eher zum Gucken als zum Lesen gedacht ist, hier der Anfang dieser Liste:

Lern-ABC (Ausschnitt):

A **Autofahren**
Arabisch (das „min“ dahinter soll andeuten, daß ich mich aus Gründen der Sprachforschung nur „minimal“ damit befaßt habe, im Gegensatz zu einer Sprache, die ich auch sprechen möchte).

B **Bewußtseins-Forschung,**
Backgammon-Spiel

C **Chinesisch** (min),
Chaos-Theorie

D **Didaktik**

E **Englisch**

F **Flöten** (diverse),
Französisch (passiv)

G **Genetik,**
Grammatik (diverser Sprachen),
Gehirn- & Gedächtnis-Forschung

H **Holländisch** (aktiv),
Hindi (min),
Handharmonika (diatonisch)

I **Italienisch** (passiv)

J **Japanisch** (min)

K **Keyboard** (zum Schreiben und zum Musizieren)
Komposition (musikalisch)

usw.

Nebenstehende Liste ist eine weitere thematische Lebens-Liste. Sie enthält erste Erfahrungen meines professionellen Lebens, hier ist natürlich die Jahreszahl von besonderer Bedeutung, z. B. mein erster publizierter Artikel (1969), der erste Workshop, den ich hielt (1969), mein erstes Sachbuch (1973), mein erstes Radio-Interview im Studio (ca. 1976) oder mein erstes didaktisches Hörspiel (damals unter dem Namen „*Intelligente Hörkassetten*“, anno 1984 ...).

Es macht Spaß, in dieser Weise „memory lane“ entlangzureisen und einen Lebensabschnitt chronologisch aufzurollen oder „wild durcheinanderzuspringen“. Wenn wir **thematisch** denken, dann springen wir „wild“. Dabei entwickeln wir völlig andere Assoziationen als bei chronologischem Denken, deshalb bietet sich an, denselben Lebensabschnitt sowohl chronologisch als auch thematisch durchzugehen. Und für das thematische Denken bieten sich ABC-Listen an.

Oft werde ich gefragt, ob man bei solchen Listen auch Hilfen konsultieren dürfe (von alten Briefen und Familien-Dokumenten über alte Zeitungen, mit denen man „damals“ etwas eingewickelt hatte, bis zu Sachbüchern oder Nachschlagewerken. Sicher dürfen Sie das! Es ist Ihr Leben und was immer Ihnen hilft, es zu re-konstruieren, ist erlaubt. Was Sie nicht hindern soll, eine Null-Runde ohne Hilfe zu veranstalten, wenn es Sie reizt, aber Sie entscheiden, wie Sie Ihre Lebens-Spiele angehen wollen.

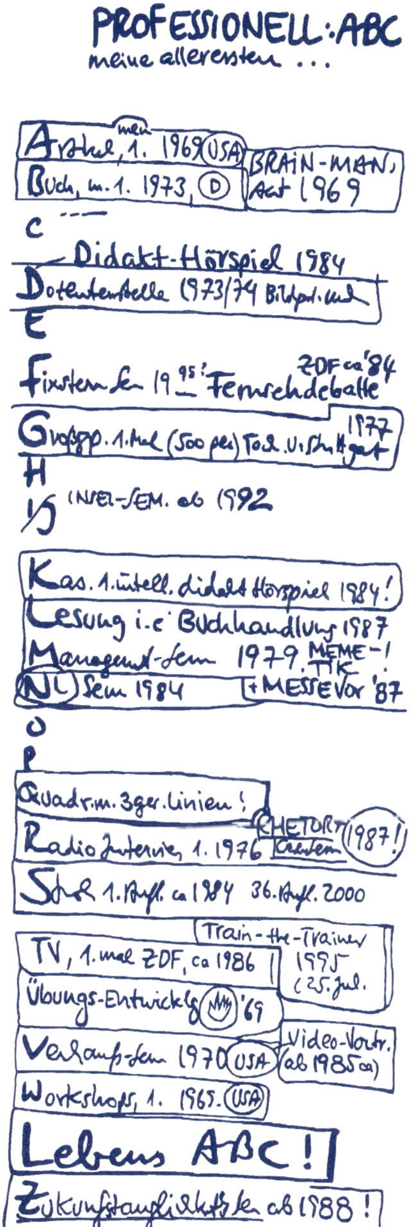

Literatur

1. **BLUHM, L./RÖLLEKE, H.:** *Redensarten des Volks, auf die ich immer horche.* S. Hirzel, Stuttgart, 2. Aufl. 1997
2. **COUZEREAU, B.:** *Auf ein Sprichwort! – 333 Sprichwörter in drei Sprachen.* Rowohlt, Reinbek 2000
3. **d'AVIS, Winfried:** *Der informierte Mensch – Sein Weltbild. Sein Gehirn. Sein Computer.* Quintessenz Verlag 1999
4. **DUDEN, Bd. 11:** *Redewendungen.* Duden-Verlag, Mannheim 1998
5. **GÖÖCK, Roland**: *1000 klassische und neue Spiele für drinnen und draußen.* Orbis, München 2001
6. **HERZOG, A. et al.:** *Idiomatische Redewendungen von A–Z.* Langenscheidt, München 1992
7. **HESSKY, R./ETTINGER, S.:** *Deutsche Redewendungen – Ein Wörter- und Übungsbuch für Fortgeschrittene.* G. Narr, Tübingen 1997
8. **KEEN, Sam/John KOTRE, John:** *Your Mythic Journey: Finding Meaning in Your Life Through Writing and Storytelling.* Jeremy P. Tarcher 1989
Telling Your Story: A Guide to Who You Are and Who You Can be. Doubleday 1973
9. **KOESTLER, Arthur:** *Der Mensch – Irrläufer der Evolution.* Fischer Taschenbuch Verlag, Frankfurt 1993
10. **KOTRE, John:** *Der Strom der Erinnerung – Wie das Gedächtnis Lebensgeschichten schreibt.* dtv 1998
Weiße Handschuhe – Wie das Gedächtnis Lebensgeschichten schreibt. Carl Hanser 1996
11. **LANGER, Ellen J.:** *Kleine Anleitung zum Klugsein – Sieben Kapitel über sinnvolles Lernen.* Klett-Cotta, Stuttgart 1999
Fit im Kopf. Rowohlt, Reinbek 1993
12. **LEITNER, Sebastian:** *So lernt man lernen – Der Weg zum Erfolg.* Herder, Freiburg 2000
13. **NEISSER, Ulric:** *Kognition und Wirklichkeit. Prinzipien und Implikation der kognitiven Psychologie.* Klett-Cotta, Stuttgart 1988
14. **NØRRETRANDERS, Tor:** *Spüre die Welt – Die Wissenschaft des Bewußtseins* (Original: *Maerk verden*). Rowohlt, Reinbek 1994
15. **POSTMAN, Neil:** *Wir amüsieren uns zu Tode – Urteilsbildung im Zeitalter der Unterhaltungsindustrie.* Fischer, Frankfurt/M. 1985
16. **SCHACTER, Daniel L.:** *Wir sind Erinnerung – Gedächtnis und Persönlichkeit.* Rowohlt, Reinbek 2001
17. **SCHAUFELBÜEL, A.:** *Treffende Redensarten.* Off-Verlag, Thun, 3. Auflage 1989
18. **SEMON, Richard:** zitiert bei SCHACTER, Daniel L.
19. **STEEN, S.:** *Lexikon für Schüttelreimer – Reime hoch 2.* Olms Presse, Hildesheim, 2. Auflage 1995
20. **WUJEC, Tom:** *Salto mentale – Fitneß für den Kopf.* Hugendubel, München, 5. Auflage 1999

Benutzte Literatur von Vera F. BIRKENBIHL:

1. *ABC-Kreativ© – Techniken zur kreativen Problemlösung.* Ariston, München 2002
2. *Das Innere Archiv.* GABAL Verlag, Offenbach 2002
3. *Das große Analograffiti-Buch.* Junfermann Verlag, Paderborn 2002
4. *Erfolgstraining – Schaffen Sie sich Ihre Wirklichkeit selbst.* mvg, Landsberg, 12. Auflage 2001
5. *Fragetechnik schnell trainiert.* mvg, Landsberg, 11. Auflage 2000
6. *Humor – An Ihrem Lachen soll man Sie erkennen.* mvg, Landsberg 2001
7. *Kommunikations-Training.* mvg, Landsberg, 22. Auflage 2000
8. *Rhetorik – Redetraining für jeden Anlaß.* Ariston, München, 6. Auflage 2002 (auch als didaktisches Hörspiel erhältlich)
9. *Stichwort Schule – trotz Schule lernen?* mvg, Landsberg, 15. Auflage 2001
10. *Stroh im Kopf? Vom Gehirn-Besitzer zum Gehirn-Benutzer.* mvg, München, 40. Auflage 2002

Internetadresse:
www.birkenbihl.de

Stichwortverzeichnis